KB080094

문화관광해설사 배형순이 들려주는 웅혼(雄渾)한 고구려 이야기

치治병兵적積곡穀

배형순 지음

아트하우스출판사
도서출판

치 병 적 곡

초판발행일 ; 2016년 8월 25일
초판인쇄일 ; 2016년 8월 20일

저자 : 배형순

발행인 : 채말녀
편집인 ; 김수경
교정, 교열 ; 김혜경
표지디자인 ; 김건영
출판사 : 도서출판 아트하우스
주 소 : 서울 성북구 동선동 3가 250-1.1
본 사 : TEL : (02) 921-7836 FAX ; (02) 928-7836
E-mail ; bestdrq@empal.com

정 가 : 12,500원

ISBN; 978-89-93639-08-7 (03910)

국립중앙도서관 출판시 도서목록(CIP)
치병적곡 : 문화관광해설사 배형순이 들려주는 웅혼한 고구려 이야기 / 저자: 배형순. -- 서울 : 아트하우스, 2016 /p. ; cm
한자표제: 治兵積穀
권말부록: 광개토대왕비 논문
ISBN 978-89-93639-08-7 03910 : ₩12,500
고구려사&#-1;高句麗史&#-3;
911.032-KDC5
951.901-DDC21 CIP2016019341

치병적곡

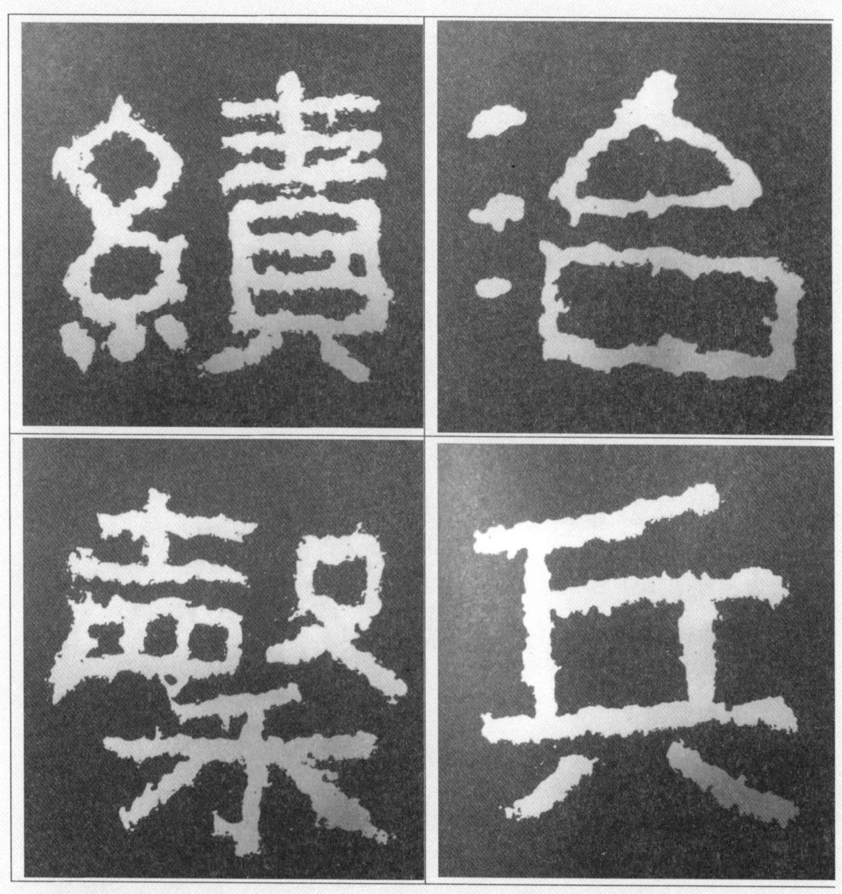

『치병적곡(治兵積穀)의 제자(題字)는 고구려의 웅대하고 힘이 서려있는 광개토왕 비문 1,620자 중에서 찾아냈습니다. 군장비와 병사를 정돈하고 군량미를 비축하여 대국의 압력에 대처하자는 의미입니다.』

목차 I Contents

들어가는 글 l Prologue

도대체 고구려는 어떤 나라일까?

지난 2010년 12월 필자는 전율을 느낀 놀라운 경험을 했습니다. 2개월여의 충청북도 문화관광해설사 교육을 마치고 단양군 영춘면에 소재한 온달관을 방문했을 때 100여 평 남짓한 온달 정신관, 생활관, 무예관에 화려하지 않게 배열된 고구려 무덤 속에 나열 된 고분벽화의 모사도는 단박에 필자를 사로잡았습니다.

온달관광지는 고구려 냄새가 물씬 풍깁니다. 긴 요하처럼 말발굽 모양으로 굽은 남한강을 배경으로 삼았습니다. 요동벌판을 상징하는 삼족오 광장을 최근에 조성하였고, 즙안현에 있는 오녀산성과 같이 잘생긴 온달산성이 우뚝 솟아 있으며, 비록 드라마세트장이지만 수나라•당나라의 장안성을 같은 장소에 배치하여, 고구려의 역동적 모습을 가장 잘 나타내고 있는 국내 유일의 복합 문화•역사 공간입니다.

문명의 다양성이 혼재된 흔적을 보여주는 고구려!
'도대체 고구려는 어떤 나라일까?', '당시 인구 4,600만의 통일국가이면서 세계 최강국인 중국의 수, 당과 79년간 겯주어 전혀 밀리지 않았던 고구려의 실체는 과연 무엇인가?'하는 의문이 뇌리에서 떠나지 않았습니다.

하지만 현재 중국은 고구려의 유적, 유물을 숨기기에 바쁘고 고구려에 관한 역사적 문헌은 거의 존재하지 않고 세월은 1,500년이나 흘러 전해 내려오는 이야기도 드물어 고구려의 실체를 파악하기에는 어려움이 있었습니다. 필자가 할 수 있었던 일은, 고구려발해학회, 한국고대사학회 및 신라사학회 등 각종 학술단체에서 선학(先學)들의 배려 하에 참석하여 수집한 논문과 열띤 토론에서 역사학의 지식과 정보를 얻었습니다.

그리고 김부식의 〈삼국사기〉, 일연의 〈삼국유사〉 이규보의 〈동명왕편〉 등 현존하는 몇몇 사서와 역사 현실 파악을 위해 동분서주하는 국내외 한국사학자들의 논문과 광개토대왕의 비문 그리고 고구려 고분벽화도감에서 웅혼(雄渾)한 제국 고구려의 실체를 파악해 보았습니다.

그리고 필자가 근무하는 온달관의 벽화 복원도(온달관의 전시물은 다른 곳의 고구려 고분벽화 전시회 등에서 보여주는 실체 사진은 물론 잘 정리된 복원도가 같이 진열되어 벽화 내용 이해가 용이한 장점이 있습니다.)가 전부입니다.

여러모로 미진한 상황에도 불구하고 고구려에 대한 참으로 강렬한 흥미를 나름대로 정리하여 책으로 감히 만들어 보았습니다. 부족한 저에게 이 글을 쓰도록 용기를 주신 분들은 다름 아닌 고구려에 관심을 갖고 단양 온달관을 찾아 주신 수많은 관광객들이었습니다.

온달관광지 온달관 사진

온달관광지 입구

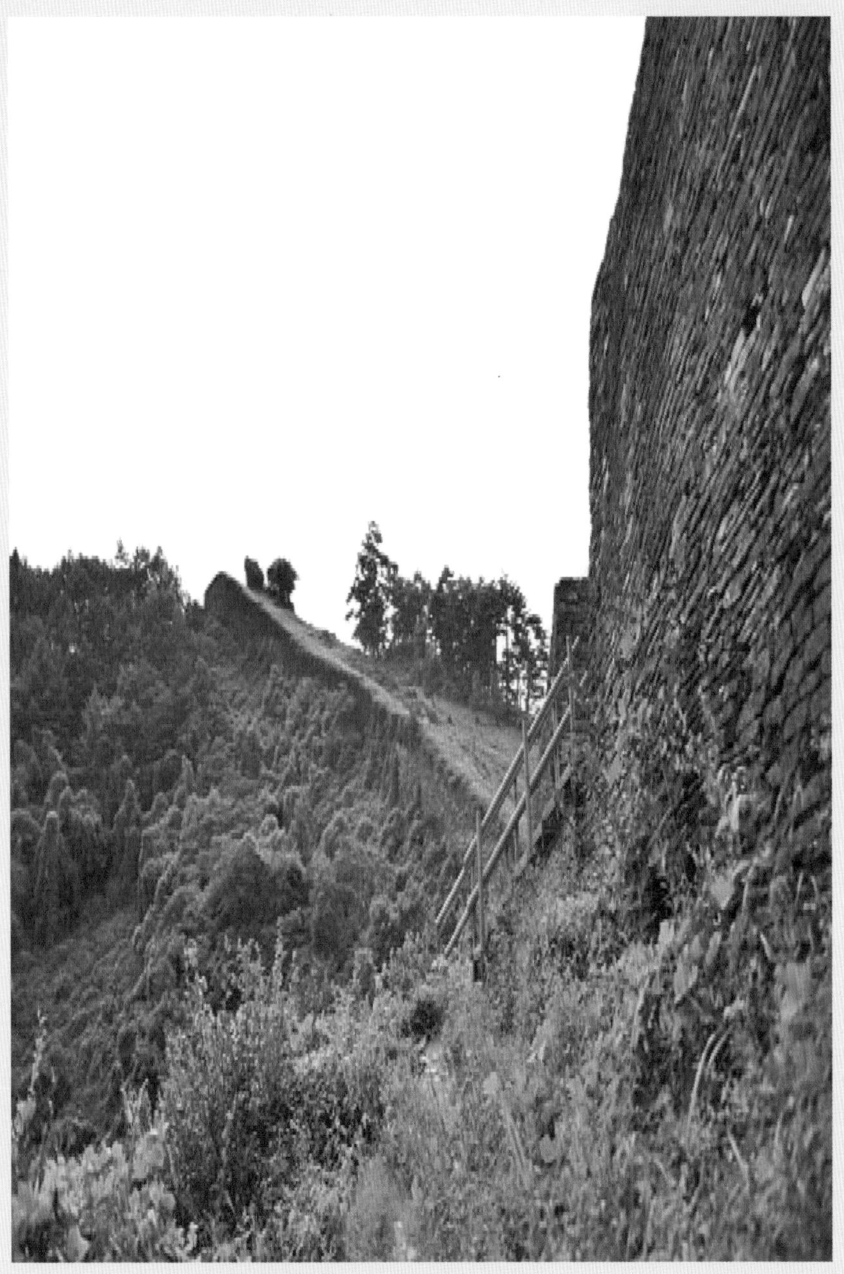

동문(東門)을 바라보면서 촬영한 온달산성

논문이나 전문 역사학자들의 저작물에서는 찾아볼 수 없었던 부문에 대해 해설을 할 때 비평 대신 사랑이 담긴 지적과 뜨거운 격려가 없었으면 이 책은 만들어 질 수 없었음을 고백하지 않을 수 없습니다. 그리고 그분들에게 먼저 꾸벅 감사의 인사드립니다.

이 책은 지나치게 전문적이기 보다는 독자들이 비교적 편안하게 읽을 수 있도록 배려하여 대화체를 기본으로 서술하였습니다. 간혹 전문적인 부문은 우리들에게 꼭 필요한 인문학적 양식이라고 생각하여 저서나 논문의 원본을 직접 게재하였으며 해설을 위해 일부 차용하기도 하였음을 고백합니다. 역량 있는 저자 분들이 무단 게재를 넓은 혜량으로 양허하여 주실 것이라 믿습니다.

기본적으로 이 책은 필자의 주장에 긍정적 비판을 서슴치 않았던 고구려기념관 건립준비위원장 정민기 후배의 아직도 꺼지지 않은 삼족오(三足烏)에 대한 열정적 격려와 도움 없이는 감히 시작도 못했을 것이었습니다. 인생 선배 허상원 형님의 갖가지 허심탄회한 배려 덕분에 희망을 잃지 않고 컴퓨터 자판을 두드렸습니다. 두 분에게 심심한 감사의 정을 전합니다.

"녹색 쉼표" 단양군청의 군수를 비롯한 관계자 분들 특히 문화관광과 직원들과 단양군 역사문화관광의 첨병인 우리 15명의 동지들인 단양문화관광해설사들의 도움 없이는 이 책은 세상에 나오지 못했을 것입니다. (책에 삽입된 사진에 출처를 밝히지 않은 사진은 모두 단양군에서 운영하는 온달관광지 온달관에 전시된 판넬에서 해설사들이 촬영한 것임을 밝혀 둡니다.)

또한 항상 필자의 편에서 물심양면 도움을 주시고 졸고를 세상에 빛을 볼 수 있도록 따뜻한 마음으로 흔쾌히 책으로 출간해 주신 아트하우스 출판사의 김수경 대표와 임직원 여러분께 특별한 감사를 드립니다.

끝으로 어려운 환경 속에서도 원고를 정리하고 힘찬 격려를 아끼지 않은 고구려 사람과 같이 분수를 알고, 합리적이고, 무엇보다도 이해심이 넘치는 아내 심군자와 아들 상우에게 이 책을 바치는 것은 당연한 남편과 아버지로서의 역할이라고 생각하면서 고마움의 뜻을 전합니다.

2016년 여름

단양연수원(삼족오연수원)에서

배형순 拜

▎책의 내용

*저자는 '도대체 고구려는 어떤 나라일까?', '당시 인구 4,600만의 통일 국가이면서 세계 최강국인 중국의 수, 당과 79년간 견주어 전혀 밀리지 않았던 인구 270만에 불과했던 고구려의 실체는 과연 무엇인가?' 라는 독자의 물음에 진정성을 담아 답한다.

*고구려가 한나라의 태원(현재 북경의 서쪽 지역)까지도 진출을 하였다는 삼국사기 및 후한서 고구려전의 기록이 존재함에도 불구하고 어처구니 없게도 이 나라는 그것을 인정하지 않고 잘못 기록되었을 것이라는 논지를 펴고 있는 학자들도 있다.
한편 후한의 관구검이 고구려를 쳐들어 온 기사는 고구려의 전체 역사가 몇 쪽에 불과한 국사교과서에도 버젓이 우리의 고난의 과거로 새겨져있었기에 고등학교를 졸업한 사람들은 거의 한나라 '관구검' 을 기억하는 실정이다.

현재 중국은 고구려의 유적, 유물을 숨기기에 바쁘고 고구려에 관한 역사적 문헌은 거의 존재하지 않고 세월은 1,500년이나 흘러 전해 내려오는 이야기도 드물어 고구려의 실체파악에는 어려움이 있다. 김부식의 〈삼국사기〉 일연의 〈삼국유사〉 이규보의 〈동명왕편〉 등 현존하는 몇몇 사서와 역사 현실 파악을 위해 동분서주하는 국내외 한국사학자들의 논문과 광개토대왕의 비문 그리고 고구려 고분벽화도감에서 고구려의 실체를 파악하려고 하였다.

저자는 생각하지 못했던 의외의 결과물로 고구려는 신라 백제와 더불어 일컬어지는 삼국 중의 한나라가 아니었다는 것을 강조한다. 그리고 고구려인들은 굳건하고 국가 철학을 갖고 있었으며, 고구려는 상상 이상의 풍족한 생활, 불굴의 상무정신 등 건전한 심신을 겸비한 대제국이었다고 설파한다.〈 편집자〉

PART 1.

고구려의 치병적곡 정신과 온달전

1. '치병적곡' (治兵積穀)

치병적곡이란 서기 590년 경 수나라가 진나라를 패망시키고 중원을 통일했을 때 고구려의 왕실에서 전 국민을 상대로 내건 슬로건으로 다음과 같은 뜻을 지니고 있습니다.

'군장비인 병사와 무기를 정돈하고,
전쟁에 대비하여 군량미를 비축하라'

고구려의 웅혼(雄渾)과 기개가 보이는 부분입니다. '사드'를 배치하면 무역보복이 시작될 것이고 가뜩이나 어려운 경제는 파탄을 면치 못할 거라는 경제논리로 국민을 이간시키고, 전자파다, 유해성 환경이 조성된다는 얼치기 협잡꾼들의 논리로 죄 없는 성주 군민들은 머리에 띠를 두르고 무더위 속에서 방향을 잡지 못하고 있습니다.

지금 우리는 총체적 난세에 직면하고 있습니다. 필자는 40여 년 전 공군 레이더부대에서 근무합니다가 전역한 이후 사회생활을 본격적으로 시작하였습니다. 우리나라는 현재 Racism을 거론할 정도로 분열되어 있습니다. 정치는 오합지졸의 줄 세우기가 여전하고, 경제는 내일을 알 수 없는 암흑의 상태이고, 사회는 공무원을 비롯해서 뒷돈 챙기기의 정도가 그 극에 달했고, 교육의 현실은 혁명 직전 상태이고, 언론은 무엇에 신들린 것처럼 연예, 오락과 만담 수준에 가까운 얼치기들의 신파극 수준에 머물러 있습니다.

지금 공무원이나 정부산하기관의 부정부패에 뉴스의 초점을 맞출 여유가 없습니다. 일부 연예인들의 일탈이 우리의 문제가 아닙니다. 고교야구 수준의 우리 프로야구의 승패 조작 아니면 도박꾼들의 농간에 불과합니다.

대한민국의 참담한 현실에 중국이 기름을 붓고 있습니다. 중국은 '우리나라의 사드배치가 중국에 위협이 될 것'이라는 명분으로 정치, 외교, 경제 및 언론 등을 통해 우리에게 윽박지르고 있습니다.
필자는 중국이라는 국가의 눈치를 살필 이유가 없다고 주장합니다. 왜냐하면 모든 나라는 우리의 잠재적 적국이기 때문이며, 우리의 앞날을 보전해야 할 당사자는 결국 우리나라, 우리 국민들입니다.

필자는 서기 590년 당시 주변 대국의 위협에 대비하기 위해 고구려가 내세웠던 슬로건 '치병적곡'이 지금 이 총체적 난국에 적합한 구호라고 생각합니다. 재미있는 상황은 중국에서 진나라가 수나라에 통일되었다는 소식을 듣고, 고구려가 대외적 형세에 위와 같이 적극적으로 대처하는 것과 다르게, 당시 백제는 수나라의 고구려 정벌전쟁의 향도로 나서겠다는 국서를 수나라에 보내고 신라는 한술 더 떠서 수나라의 환심을 사기 위해 조공 물품을 준비하는 데 열을 올렸다는 아이러니한 역사 기록이 남아있습니다.

필자는 현재까지 판독된 1,620여자의 예서체의 힘이 넘치는 광개토대왕비문의 자획(字劃) 가운데 '치병적곡'의 네 글자를 차용하여 본서의 제목으로 삼았습니다. 우리나라 고대사의 큰 획을 그은 광개토대왕비 비문의 글자를 제목으로 정한 이유는, 대외적으로 이적행위에 가까운 무책임한 발언과 행동으로 야기된 분열되고 신뢰가 무너진 우리 사회에 고구려의 웅혼(雄渾)한 정신과 기개를 되살려보자는 데 있습니다.

독자 여러분에게도 우리 조상 고구려의 힘이 함께 실리기를 기원합니다. 고구려가 한나라의 태원(현재 북경의 서쪽 지역)까지도 진출을 하였다는 삼국사기 및 후한서 고구려전의 기록이 존재함에도 불구하고 어처구니없는 이 나라는 그것을 인정하지 않고 잘못 기록되었을 것이라는 논지를 펴고 있는 학자들도 있습니다.

한편 후한의 관구검이 고구려를 쳐들어 온 기사는 고구려의 전체 역사가 몇 쪽 기록도 안 된 국사교과서에 버젓이 우리의 고난의 과거로 새겨져 있었기에 과거 고등학교를 졸업한 사람들은 거의 한나라 '관구검'을 기억하는 실정입니다.

도대체 고구려는 어떤 나라일까요? 당시 인구 4,600만의 통일 국가이면서 세계 최강국인 중국의 수, 당과 79년간 견주어 전혀 밀리지 않았던 인구 270만에 불과했던 고구려의 실체는 과연 무엇이었을까요?

현재 중국은 요동, 요서지역에서 발견되는 고구려의 유적, 유물을 숨기기에 바쁘고, 우리가 활용할 수 있는 고구려에 관한 역사적 문헌은 거의 존재하지 않고, 세월은 1,500년이나 흘러 전해 내려오는 이야기도 드물어 고구려의 실체를 파악하기에는 정말 어려움이 많습니다.

다만 김부식의 <삼국사기> 일연의 <삼국유사> 이규보의 <동명왕편> 등 현존하는 몇몇 사서와 역사 현실 파악을 위해 동분서주하는 국내외 한국사학자들의 논문과 광개토대왕의 비문 및 이왕 출판되었던 고구려 고분벽화도감에서 고구려의 실체를 파악해 보았습니다.

고구려에 대해 진정성을 가지고 다가가니 이전에 전혀 생각하지 못했던 의외의 결과물을 도출하게 되었습니다. 고구려는 신라 백제와 더불어 일컬어지는 이른바 삼국 중의 한나라가 아니었습니다.
고구려인들은 굳건한 국가 철학을 갖고 있었으며, 고구려는 상상 이상의 풍족한 생활, 불굴의 상무정신 등에 더하여 정언과 신의를 숭상하고 건전한 심신을 겸비한 대제국이었습니다.

2. 세계 강국을 만든 고구려인의 5대 정신과 온달전

대한민국 사람이면 누구나 알고 있는 바보 온달과 평강 공주 이야기는 누가 꾸민 이야기도 아니고 동화 작가의 창작물도 아닙니다. 우리나라 역사책 중 가장 오래전에 기록된 김부식 선생의《삼국사기》열전에 엄연히 기록되어 있는 역사의 기록입니다. 김부식 선생의 역사책 속에 왜 온달과 평강의 이야기를 수록하였을까요?

《삼국사기》찬자는 온달전을 통하여 왜 고구려가 강성한 대제국이었고 고대 국가의 특징인 신분제 사회였으면서도 고구려의 리더십과 정통성은 공고하게 백성들로부터 인정받아 국민 참여와 동원을 용이하게 할 수 있었음을 온달전 구석구석에 숨겨 놓았던 것입니다.

먼저 한양대학교 국문학과 정진 교수가 '삼국사기' '온달과 평강' 기사에 나타난 고구려의 정신을 다음과 같이 정리하신 것을 인용하겠습니다.

"온달을 그저 아내 잘 만나 벼락출세한 사내로만 본다면 참으로 민망합니다." 라고 정색을 하면서 "온달전의 핵심어는 '신(信)'입니다. 공주가 어릴 적 바보 온달에게 시집보낸다는 말을 듣고 자랐다가 다른 혼사가 들어오자 '임금은 장난말을 하지 않는다.'며 온달을 찾아간 것이나, 훗날 온달이 자원 출병해 임무를 완수하지 못하고 전사하자 관이 움직이지 않았다는 것, 모두 신의의 중요성을 말하는 것입니다. 김부식은 온달과 공주를 통해 고구려의 진정한 힘의 근원이 무엇이었는지를 보여주었습니다."

또한 정교수는 김부식 선생의 글재주에 대해서도 특히 밑의 표에 보이듯이 '혼인' 관련 단어를 결코 반복하지 않는 유려한 문장력에 칭찬을 아끼지 않았습니다.

사대부의 아내가 못되고 不得爲士大夫妻
온달에게나 시집을 가야 되겠다 當歸之愚溫達
고씨에게 시집 보내고자 하니 欲下嫁於上部高氏
온달의 아내가 되리라 必爲溫達之婦

✔알면 많이 보인다⊃

구한말 한학자(漢學者) 창강(滄江) 김택영 선생도 한국인이 저술한 2대 명문장으로 김부식의 '온달전'과 박지원 선생의 '열하일기'를 꼽았습니다.

평강왕의 딸 평강공주는 울보였습니다. 왕이 달래도 막무가내 울기를 그치질 않았습니다. 왕은 딸 평강에게 다음과 같이 말하지요.

'네가 그렇게 울기만 하면 넌 사대부의 지어미가 될 수 없고 저 성밖에서 거렁뱅이 노릇을 하는 온달에게나 시집을 보내야겠다.'고 평강공주가 성장하여 16세 즉 이팔(二八)이 되었을 때 궁궐에서는 공주의 결혼을 위해 사방으로 배필을 알아보게 됩니다. 이때 왕족인 상부 고씨와 혼인을 결정하려고 했는데 문제가 생겼습니다.
평강 공주가 거부하면서 국왕인 아버지에게 일침을 놓았습니다.

'내가 어릴 적에 온달한테 시집보낸다는 말은 어디가고 상부고씨를 배우자로 몰아가느냐'고. 딸이 아버지에게, 다시 말해서 공주가 국왕에게 말하는 내용을 원문 그대로 옮기면 다음과 같습니다.

'남자가 그것도 국가의 지존께서 한 입 갖고 두 마디 다른 말을 하시느냐고, 온달한테 보낸다고 했으면 약속을 지킬 일이지 식언(食言)을 하십니까? 아버지 말은 옳지 않기에 따를 수가 없습니다.'

울보 평강공주와 온달의 구차한 살림살이 사진

고구려가 대제국이 될 수 있었던 배경이 된 정신적 지주를 이 대목에서 찾을 수 있습니다. 사람(人)의 말(言) 합하면 신(信)입니다. 입에서 뱉은 말은 지켜져야 하고, 그렇지 못하면 사회가 혼란스러워집니다. 세계 최강국인 미국의 위대한 힘은 도덕성에서 나온다는 말이 있듯이, 무엇보다 신의가 중요하며 계약서가 존재하고 법령이나 규칙이 있다고 한들 준수안하면 그 사회는 가라앉는 배와 같습니다.

고구려인들은 우리와 달랐습니다. 농으로 한 말도 입 밖에 나오면 지켜야 하는 무서운 사회였으며 고구려 힘의 원천은 믿음이었습니다. 고구려 역사에서 다른 절대 왕조에서는 볼 수 없는 현상이 있었습니다. 왕이 정치를 제대로 하지 못하거나 믿음이 부족한 1인자는, 암살이라는 방법이 아니라, 지금의 총리가 주도하여 내각의 결의에 따라 모시던 왕을 제거하였습니다. 모본왕, 차대왕, 봉상왕 및 영류왕 등 4명의 군주가 신하들에게 살해되거나 자살을 하게 만들었습니다.

✔알면 더 많이 보인다➲

1세기 중엽 모본왕은 폭정을 일삼는다는 구실로 신하 '두로'에게 살해됐다.
2세 중엽 차대왕은 백성의 고통을 고려하지 않았다는 이유로, 연나부 출신의 신하 '명림답부'에게 살해됐다.
3세기 후반 봉상왕 역시 백성의 고통을 고려하지 않고 무리한 토목공사를 했다는 이유로, 신하 '창조리'에게 퇴위당하고 자살하게 된다. 수나라와의 해전에서 혁혁한 무공을 세웠던 영류왕도 대당 정책의 의견 차이로 대막리지 연개소문에 끝내 살해된다.

우리 사회는 고구려 사람들의 정언과 상호간 믿음을 전수 받아야 합니다. 여기서 또 한 가지 지금 세상에서 볼 수 없는 주목할 만한 현상을 찾을 수 있습니다. 그서은 정언(正言), 바른 말입니다. 사회의 정의에 반하거나 통상적인 관행을 기꺼이 수긍하고 따르는 것이 아니라 정정당당히 맞서는 것입니다.

'아버지의 말씀은 틀렸기에 말씀에 따를 수 없습니다.'
가정에서 부모에게, 직장에서 상사에게, 갑이 을에게 부당하거나 계약과 다른 행동이나 언사에 당당하게 맞서는 것이 고구려에서는 덕목이었습니다.

그런데 평강왕은 공주의 이런 불경에 가까운 말을 듣고도 별도의 조치를 취하지 않습니다. 자기가 한 말이 있기에 요즈음 드라마처럼 딸에게 신용카드를 뺏거나, 호위군이 딸린 외딴 방에 감금시키지도 않고, 온달을 찾아내어 유학을 보내지도 않습니다. 다시 말해서 상대방에 의견을 존중하는 모습입니다.

지금 우리는 내 의견에 반대하면 어떻게 합니까? 회유하고 협박하고 다른 이들의 눈치를 보고, 결혼도 마치 비즈니스처럼 저울질을 합니다. 로열패밀리의 영광이나 부의 과시를 서슴치 않습니다.

'궁궐에서 나가라. 그렇지만 보따리 싸지 말고 빈 몸으로 나가라'
총명함을 갖고 있던 평강공주는 수십 개의 금팔찌만 팔뚝에 걸고 성 밖의 온달을 찾겠다는 일념만 갖고 낯선 세상으로 나옵니다. 화려한 과거의 영광에 연연하지 않습니다.

'새롭게 시작하면 된다.' 이런 결기와 생각이 고구려를 강대국으로 만들었습니다. 전투에서 한번 패한다고 아예 물러서는 것이 아닙니다. 승패는 그저 병가지상사(兵家之常事)라고 생각하고, 다시 준비하고 시작하면 되는 것입니다.

원전에 보면 아마 온달은 용모가 그리 준수하지 못했습니다. 얼굴이 울퉁불퉁하고 여드름이 많이 있었던 모양입니다. 김부식 선생은 온달을 '용모용종가소(容貌龍鍾可笑) 얼굴이 못생겨 남의 웃음거리가 되었지만, 중심칙행수연(中心則悻晬然) 마음씨는 밝았습니다.' 라고 열전에서 표현하고 있습니다.

온달 네의 가정환경을 알아볼까요? 아버지는 언급이 없고, 어머니가 소경이어서 시전을 돌아다니며 구걸 행각을 했습니다. 우리 민족은 옛날에 동냥 온 거지에게 박정하게 대하지 않았습니다. 내가 없더라도 나보다 어려운 환경 속에 있는 빈민과 내 양식을 나누었습니다. 물론 일도 안하면서 구걸을 일삼으면 비난의 대상이 되지만 열심히 해도 여건이 여의치 못하면 있는 사람들한테 손도 내밀 수 있습니다. 현재 우리 한국 사람들은 변해도 많이 변한 것 같습니다.

묻고 물어 평강공주는 온달이의 오두막을 드디어 찾았습니다.
온달은 없고 앞을 못 보는 온달 어머니가 있을 뿐이다.

'당신네 집의 며느리가 되겠노라고'

하지만 온달 어머니는 호락하지 않습니다. 농사를 짓는 데 필요한 것은 물론 평가기준을 알고 있었습니다. 즉, 거칠고 힘센 손목이 필요했지만 평강이의 손을 만져보고 또한 귀한 사람들에게서 풍기는 좋은 냄새를 확인한 후,

'당신은 집을 잘못 찾았다. 네가 우리 집에 들어오면 너희 집과 우리 집은 사는 환경이 달라 커다란 문제가 야기될 것이다. 더 이상 조르지 말고 다른 곳으로 가봐라'

왕의 딸 국가 최고 권력자의 집안과 혼사를 하는 일을 간단한 말로 내칩니다. 신분의 상승은 물론이고 부의 획득, 세상이 완전히 달라진다 해도 받지 않을 만큼 고구려인들은 분수를 지킬 줄 알았습니다. 수분(守分)을 하는 것이 마음의 평화를 얻는 가장 좋은 선택이라는 것을 평범한 고구려의 여염집 아줌마도 알고 있었습니다.

지금의 대한민국을 어렵게 만드는 이유를 들어보겠습니다. 우선 자신의 분수를 모릅니다. 남자들은 비싼 외제차를 소유하여야 분이 풀리고, 여자들은 몇 천 만 원짜리 백을 들어야 사람 구실을 할 수 있다고 빚을 내서라도 명품을 구입합니다. 또한 신분상승을 위해 자신만의 행복한 인생을 포기하는 것도 마다하지 않습니다.

심지어 창의적인 아이디어로 세상 사람들을 편리하게 만들어 주는 유익한 물건을 만들어 팔아 부자가 된 사람을 이상한 눈으로 쳐다보고 평가절하를 위해 눈에 독기를 품는 나라가 되었습니다.

우리 식구가 아닌 다른 사람(여기에는 형제도 포함됩니다)이 정당한 방식으로 부귀영화를 누리는 것에도 비난의 구실을 준비하여 빌미를 잡아 공격합니다.

결국 우리 사회는 절대 만족할 줄 모르는 사치와 허영의 덩어리가 되어 버렸습니다.『유한계급론』으로 유명한 베블런(Thorstein Veblen)은 "과시적 소비는 우월한 지위의 인간과 자신을 동일시하고 못난 사람과 구별 짓기를 행하는 관습화된 사고습관과 행동패턴, 제도와 문화로서 자리 잡게 되었다."고 부끄러운 우리 사회 모습을 적절하게 표현했습니다.

온달장군과 평강공주조형물

평강공주는 당사자인 예비 신랑이 배가 무척 고파 나무껍질이라도 얻기 위해 산속으로 갔다는 온달을 찾아 나섭니다. 마침 온달이 지게에 느릅나무 껍질을 한 짐 지고 산길을 내려오는데...
'난 이 나라 왕의 딸인 평강공주다. 용모도 괜찮고 궁궐에서 쫓겨났지만 양팔에는 금팔찌가 많으니 살림살이는 꾸밀 수 있다' 며 자신 있게 프로포즈를 합니다.
그러나 젊고 힘이 넘치는 온달도 고구려 사람이었지요.

'젊고 예쁜 것이 요망한 말을 하는 걸 보니 여우가 둔갑했거나 귀신임에 틀림없다. 내 눈 앞에서 냉큼 꺼져라'

다음 장면은 평강이가 온달 네 집 앞에서 농성을 하는 장면입니다.
'당신 집 며느리로 맞아줄 때까지 나는 꼼짝도 하지 않겠다고'
온달 엄마가 '있는 자와 없는 자가 관계를 맺으며 서로 불행해진다' 고 재차 설득을 하지만 평강은 문자{일두속유가용(一豆粟有可舂) : 한 말 곡식도 방아 찧을 수 있고 일척포유가봉(一尺布有可縫) 한자베도 꿰맬 수 있다}를 써가면서 결합 후의 미래 비전을 제시합니다.
고구려 사람들은 현재 우리도 생각하지 못하는 혜안을 갖고 있었습니다.

오늘날 말로만 부르짖는 교육의 목표, 즉 **경쟁에서 승리가 아닌 타인과의 공존과 화목, 남들과 다툼이 아니라 남들에게 베풂과 남들과 어울리는 것**과 **자연과의 친화는 물론 공생의 이익창출방법 탐구**라는 커다란 세 가지를 고구려 사람들은 이미 터득하여 실천하고 있었습니다. 마침내 결혼에 성공한 평강이는 자신이 만든 로드맵에 따라 온달을 국가의 동량(棟梁)으로 만드는 일에 매진합니다. 한국의 여인들은 그때부터 남자보다 더 많은 지혜를 갖고 있었다고 단언을 한다면 지나친 말이 될까요?

여기서 다시 우리가 주목할 만한 대목이 나옵니다. 평강이 팔찌를 팔아, 전답, 주택, 노비, 기물(器物)을 사들였습니다. 동대문 시장과 서대문 시장이 존재하였을까? 이때가 570년 무렵인데 유통 화폐가 이미 존재하였을까요?

중국 당나라에서 제대로 된 시장이 장안성 근처에 나타나는 것은 기원 640년경입니다. 나아가서 시장에서 말을 구하고자 할 때 병든 국마(國馬)를 고르라고 합니다. 나라에서 기르는 말에는 낙인이 찍혀있어 시장 말과 구분했다는 의미입니다. 마치 현재 자가용과 관용차의 차량번호판이 다르듯이 고구려는 구분하는 제도를 이미 시행했습니다[1].

이것은 고구려의 경제력을 가늠하는 대목입니다. 더 이상 파고 들어가지 못하는 아쉬운 점은 경제사학자들의 몫입니다.

또한, 우리는 여기서 평강공주의 '말 고르는 법'을 이미 알고 있었다는 사실에 주목을 해야 합니다. 과연 왕실의 교육과목 중 여성에게도 '말(馬)' 관련 과목이 필수과목이었을까요?

---

1) 「잡지6 지리지4」, 『삼국사기』 〈子春縣〉, 本〈高句麗〉〈乙阿旦縣〉, 〈景德王〉改名, 今〈永春縣〉

고구려 시조 동명성왕의 어머니인 유화(柳花)부인도 벌써 '말 사육법'을 알아 동명성왕이 부여를 탈출할 때 부여군의 추격을 따돌릴 수 있었던 이유를 신채호 선생은『조선상고사』에서 '유화부인의 계략으로 준마 한 마리를 골라 혀에 바늘을 꽂아 놓아 말이 먹지 못하게 만들어 날로 여위게 만들었다고 합니다.
부여국 금와왕이 말들을 돌아보고는 추모의 말 잘 먹인 공을 칭찬하고, 그 여윈 말을 상으로 주었는데, 추모가 그 말을 타고 부여를 탈출할 수 있었던 것이다'라고 기술한 것입니다. 고구려의 왕가는 '말조련 수업'을 받은 것이 확실하다고 미루어 짐작 할 수 있습니다.

다음은 고구려의 인사제도입니다. 매년 3월 3일 낙랑언덕에서 국중대회와 더불어 거행되는 사냥대회를 통해서 인재를 등용하는 모습이 열전에 계속됩니다. 고려나 조선시대와 달리 고구려는 글과 문장을 중심으로 관리를 등용하지 않습니다. 사냥을 하면서 기마술과 동물을 제압하는 무술로 인재를 뽑았습니다. 사냥대회에는 왕족, 귀족, 서민, 노비는 물론 외국인까지 참여했다고 합니다.

여기서 고구려의 또 다른 개방적 면모를 볼 수 있습니다. 온달은 어쩌면 중앙아시아 출신 외국인 일 지도 모릅니다. 앞에서 인용한 온달전 첫 문장에서 '용모용종가소(容貌龍鍾可笑) 얼굴이 못생겨 남의 웃음거리가 되었지만,...' 우리 한국인의 얼굴이 아닌 거칠게 생긴 용모입니다. 미국을 비롯한 역사적으로 초강대국을 자랑하던 나라들이 능력 있는 외국인을 어떻게 대접하였을까요?

온달의 무술 훈련과 사냥대회 참가

고구려 또한 능력만 있으면 귀족, 평민, 노비 및 외국인까지 자유스럽게 나라에서 발탁하여 활용하는 모습을 그려볼 수 있습니다. 온달은 당당하게 실력을 인정받아 고구려의 국인(國人)이 된 것입니다. 광개토대왕비에 대왕이 정복 전쟁을 통하여 흡수한 피정복인을 왕릉을 지키는 수묘인으로 발탁 활용하는 모습에서도, 패자조차도 아군으로 끌어드리는 고구려의 힘을 엿볼 수 있습니다. 과거 로마제국이 강력한 리더십으로 주변 국가의 신뢰를 받을 수 있던 이유 중의 가장 큰 요소를 '피정복인에 대한 로마 시민권 부여'를 드는 고대 로마사 전공자들의 주장이 있듯이...

1등을 한 온달에게 시상을 하면서 평강왕은 신하들에게 묻습니다. ' 오늘 같은 날 1등은 짐이 평소에 만나든 왕족이나 귀족인데 이 사람은 누구냐?' '평강공주의 남편'이라고 귀띔을 해 주어도 반갑게 아는 체를 하지 않고 '거 참 이상한 일이네'하고 그만입니다.

일단 사냥대회인 고시(考試)?에서 임관을 한 온달은 그 후 훗날 수나라가 되는 북주(北周)의 무제와의 배산들 전투에서 혁혁한 공을 세우자 비로써 평강왕은 온달을 왕족으로 신분을 상승시키고 대형(大兄)이라는 벼슬로 특진합니다. 물론 고급 관료들이 참여한 인사위원회의 결의를 거친 후에 일입니다. 지금으로 말하면 전국 체육대회에서는 금메달을 따도 연금이 지급되지 않지만, 올림픽이나 세계선수권대회에서 입상을 해야 체육연금을 지급하듯이 능력 위주의 철저한 인사제도를 고구려는 시행하였다고 볼 수 있습니다.

'인사가 만사'라는 말처럼 국가의 기강을 철저한 인재들의 논공행상(論功行賞)이 있어야만 그 뒤의 일을 도모할 수 있는 것입니다. 이렇게 왕족이 되고 지금의 연대장급인 대형(大兄) 벼슬에 오른 온달장군은 그 후 어떻게 행동하였을까?

평강왕이 죽고 뒤를 이어 평강공주의 오빠가 왕이 되었습니다. 그가 바로 영양왕입니다. 온달은 처남인 영양왕을 찾아가 군사를 내어 달라고 요청합니다. 진흥왕 때부터 나라의 면모를 드러냈던 신라의 팽창 정책으로 침공을 받아 빼앗긴 남쪽 국경을 다시 찾기 위해서 출정을 해야만 했습니다.

그러나 비장한 각오로 고구려 남경으로 진격하지만 역부족으로 아단성(阿旦城) 밑에서 신라군의 유시를 맞고 온달장군은 전사합니다. 오늘날에 신분이 좋고 권력 있는 군인은 어디서 근무를 할까 생각해 보면 육군본부나 합동참모본부의 안락한 자리를 연상하게 되지만, 온달은 이를 마다하고 전선으로 향한 고구려의 정신은 여기서도 발견됩니다. 진정한 군인은 전방 국경이 근무지고 무덤입니다.

이제는 온달의 장례식 광경을 보겠습니다. 장례를 치르고자 하는데 온달의 사체가 들어 있는 관이 전혀 움직이질 않습니다. 장정 여럿이서 힘을 써 보았지만 꿈적도 않았습니다. 옆에 있던 평강공주가 보다 못해 나섭니다. 평강공주는 평양에서 출발하기 전에 오빠인 영양왕과 남편 온달의 다음과 같은 내용의 대화를 들었습니다.

'계립현(지금 충주의 하늘재)과 죽령(경북 영주-충북 단양)의 서쪽 지역을 찾기 전에는 결코 돌아가지 않겠노라고… '

김부식 선생은 다시 한 번 고구려의 정신을 정리하였습니다. 평강공주의 온달과의 결혼으로 시작한 온달전은'사람의 말은 지켜져야 한다.'는 것으로 시작했습니다. 온달전은 '신라군을 물리치지 않고는 돌아가지 않겠다는 결의를 통하여 재차 고구려인의 '믿음의 철학'을 강조합니다.

시신을 앞에 둔 평강의 말,
'죽고 사는 것이 결정되었으니 아! 이제 그만 갑시다.'
어쩌면 속으로 자기 남편한테 처음으로'이 바보야 사람의 약속은 살아있을 때 지키는 것이요. 죽었으니 이제 장례식을 어서 마치고 후임자가 당신 일을 맡아서 신라와의 전쟁을 승리로 이끌어주도록 비켜주어야 될 것이요.'

온달장군의 관이 움직이지 않는다.

우리는 세월호 해상교통사고가 발생 한 지 2년이 넘어도 앞으로 나아가질 못하는 일부 사람들(그 중에는 국회의원도 포함)을 보며 안타까워하고 있습니다.

> ✔**쟁점** ; 삼국사기 열전에 온달의 출사표를 보면 온달이 전사한 아단성은 지금의 단양 영춘의 온달산성이 거의 확실한 데 일부 학자들은 서울 광장동의 아차산을 주장합니다. [2)]

자춘현은 원래 고구려의 <u>을아단</u>현이었던 것을 경덕왕이 개칭한 것으로 지금의 영춘현입니다. 두계 이병도 선생이 삼국사기를 처음으로 완역한 시기는 1977년입니다. 이때까지 우리나라 국사학계는 삼

---

2) 「잡지6 지리지4」, 『삼국사기』 〈子春縣〉, 本〈高句麗〉〈<u>乙阿旦</u>縣〉, 〈景德王〉改名, 今〈永春縣〉

국사기의 지리지에 거명된 고구려 땅이 죽령을 넘어 경북 영덕에까지 미친 기사를 불신하였습니다.

두계는 온달전의 해당기사 역주에서 '아차산(현재 ..)'이라고 역주를 달았고, 후학들은 아마도 그렇게 배웠을 것입니다. 그러나 1978년 충북 단양에서 신라적성비(주1)와 1979년 충주에서 충주고구려비(주2)가 발견되자 고구려의 남쪽 경계를 의심하는 학자들이 나타나기 시작했습니다.

또한 2000년 서울대박물관에서 지금의 아차산보루를 발굴한 보고서를 보면 아차산보루는 7세기 초반을 상한으로 하는 유물, 유적이라고 보고했습니다.

단양군 영춘면 소재 온달산성

'접시꽃 당신' 이라는 시집으로 유명한 도종환 시인의 '온달' 이라는 제목의 시 구절입니다.

온 달

도종환

그는 늘 최전선에 있었다.
후주 무제 쳐들어올 때는 비사들에 있었고
신라와 맞설 때는 죽령으로 달려갔습니다
그는 왕의 신임을 받는 부마였지만
궁궐 편안한 의자 곁에 있지 않았다
그는 늘 최전선에 있습니다가
최전선에서 죽었다
권력의 핵심 가까이에서 권력을 나누는 일과
권력을 차지하는 일로 머리를 싸매지 않았다
높은 곳 쳐다보지 않고 아래로 내려 갔습니다
안락하고 기름진 곳으로 눈 돌리지 않고
목숨을 걸어야 하는 험한 산기슭을 선택했다
그때 궁궐 한가운데 있던 이들
단 한 사람도 기억하지 못하지만
천 년 넘도록 우리가 온달을 기억하는 건
평강공주의 고집과 눈물 때문 아니다
가장 안온한 자리를 버리고
참으로 바보같이 가장 험한 곳
가장 낮은 곳 향해 걸어갔기 때문이다
살면서 우리가 목숨 던져야 할 곳이
어디인지를 알았기 때문이다

출처 : 시집 『슬픔의 뿌리』

고구려가 대한민국 고대사 속에서 우뚝 설 수 있었던 것은 아마도 온달전에서 보여준 것과 같은 고구려가 오랜 기간 왕조를 지탱할 수 있었던 힘을 다음과 같이 요약할 수 있겠습니다.

첫째, 믿음을 중요한 덕목으로 삼았습니다.
둘째, 바른 마음과 정직한 소통 정신으로 즉, 정도(正道)가 살아 있습니다.
셋째, 자신의 분수(分數)를 알고, 행동합니다.
넷째, 넘쳐흐르는 국익 우선의 사명감이 나라를 강하게 만들었습니다.
다섯째, 능력에 따른 적재적소의 인사시스템이 있었습니다.
마지막으로, 과거보다는 미래를 향한 미래지향적 사고와 현실적 생각입니다.

김부식 선생의 삼국사기 원문의 온달전과 직역한 해석문을 권말에 부록으로 수록하였으니 참고하시기 바랍니다.

단양 여행

사진 ; 단양군 소재 아쿠아리움의 쏘가리

쏘가리하면 단양, 단양하면 쏘가리가 연상되는 단양쏘가리, 특히 영춘 지역과 밀접한 민물고기다. 추운 겨울을 제외한 일년 내내 소수력발전소 근처에 쏘가리를 겨냥한 강태공들이 주차해 놓은 SUB차량을 많이 볼 수 있다. 쏘가리는 한강과 대동강 상, 중류에서 발견되는 농어과의 몸길이 20~30cm, 큰 것은 50cm가 넘는 대형 어종이다.

온달장군이 신라군의 화살에 맞았을 때 입었었던 갑옷의 모양과 같은 회색, 보라색과 황색의 비늘로 덮혀 있다. 거기다가 화살이 어깨를 관통하였기에 쏘가리의 등지느러미엔 가시가 있어 손으로 잘못하면 찔린다. 온달장군이 죽령 이 서지방의 고구려 고토를 수복하기 위하여 산성을 쌓고 북쪽에 남한강을 배수진을 치고 신라측 국경인 죽령과 마구령으로 동진하던 용기 있는 모습이 민물고기의 황제라는 쏘가리에서 연상되는 것은 무슨 까닭일까?

철원 고석정의 뱃사공이 의적 임꺽정이가 비록 관군에 잡혀 죽어 인간의 육신은 없어졌지만, 한탄강의 민물고기 꺽지가 되어 아직도 물줄기를 타고 오르며 살아있다고 주장하는 글을 본 적이 있다. 고토 회복을 못한 온달장군의 혼이 쏘가리가 되어 영춘의 옛 지명인 을아단현을 오르고 내리는 쏘가리가 되어 오늘도 동북공정 운운하며 자기네들의 역사라고 우기는 중국인들에게 호령하고 있다. '영춘 남한강 쏘가리가 살아있는 한 고구려는 우리 대한민국의 역사다'

〈사족 1 : 평강 공주가 온달장군의 장례를 마치자 남한강의 쏘가리로 다시 태어난 온달장군 민물고기 2백수를 평양으로 가져가 대동강에 풀어놓아 그때부터 대동강에도 쏘가리가 살게 되었다. 물론 온달장군이 생각날 때면 대동강 가에 나와 사납게 강줄기를 거슬러 헤엄치는 쏘가리의 모습을 보면서 단양에서 떨쳤던 고구려의 힘을 다시 생각하곤 하였다.〉

PART 2.

고구려의 전쟁과 무예

살수대첩

3. 상상하기 힘든 세계 최강 수나라와의 전쟁과 영양대왕

당시에 인구가 4,600만이나 되고 국토 면적은 고구려의 10배나 되는 중국의 통일 왕조를 이룬 최강국 수나라와의 싸움은 고구려의 선제공격으로 시작되었습니다. 우선 삼국사기 고구려본기 영양왕조 기사 중 수나라 관련 기사의 번역본은 다음과 같습니다.

『9년(598년) 영양왕이 말갈 군사 1만여 명을 거느리고 요서를 침공하였으나, 영주 총관 위 충이 우리 군사를 물리쳤습니다. 수나라 문제가 이 소식을 듣고 크게 노하여, 한왕양과 왕세적 등을 모두 원수로 임명하여, 수륙군 30만을 거느리고 고구려를 치게 하였다. 여름 6월, 수문제가 조서를 내려 왕의 관작을 삭탈하였다.』

한왕양의 군대가 유관에 도착하였을 때, 장마로 인하여 군량미의 수송이 계속되지 못했습니다. 이에 따라 군중에 식량이 떨어지고 또한 전염병이 돌았습니다.

주나후는 동래에서 바다를 건너 평양성으로 오다가 풍파를 만나 선박이 거의 모두 유실되거나 침몰되었습니다. 가을 9월, 이들이 돌아갔으나, 그들 중의 대부분이 죽었습니다. 왕은 이를 두려워하여 사신을 보내 사죄하고 표문을 올렸습니다. 표문에서 자신을 "요동의 분토(糞土)에 사는 신하 아무개"라고 자칭하였습니다. 문제가 그 때서야 군대를 철수하고 처음과 같이 대우하였습니다.

백제왕 창(위덕왕)이 수나라에 사신을 보내 표문을 올리고, 고구려로 가는 수나라 군사의 향도가 되기를 자청하였습니다. 문제가 백제왕에게 조서를 내려 "고구려가 죄를 자복하여 내가 이미 용서하였으므로 그들을 칠 수가 없다."라고 말하고, 그 사신을 후하게 대접하여 보냈습니다. 그러자 왕이 이 사실을 알고는 백제의 국경을 침공하였습니다.

11년(600년) 봄 정월, 수나라에 사신을 보내 조공하였습니다.
18년(607년) 초기 수나라 양제가 계민의 막부에 행차하였을 때, 우리 사신이 마침 계민에게 가 있었습니다. 계민이 우리 사신을 감히 숨길 수 없어, 우리 사신과 함께 양제를 배알하였습니다. 이 때 황문 시랑 배구가 양제에게 말했습니다.

"고구려는 원래 기자에게 봉하였던 땅이며, 한 나라와 진 나라가 모두 군현으로 만들었습니다. 그러나 지금은 신하의 나라로 행동하지 않고, 별도의 지역으로 되어 있기 때문에, 선제께서는 오랫동안 그들을 정벌하려 하였습니다. 그리하여 양량에게 군사를 주어 출동시켰으나, 그가 불초하여 공을 세우지 못한 것입니다.

이제는 폐하의 시대이니, 어찌 그들을 정벌하지 않고, 예절의 땅이 오랑캐의 소굴로 변하도록 방치할 것입니까? 오늘 고구려 사신은, 계민이 나라를 바쳐 왕화에 복종하는 것을 직접 보았으니, 그가 우리를 두려워하는 기회를 이용하여, 고구려가 우리에게 조공하도록 위협해두는 것이 좋겠습니다."

양제가 이에 따라 고구려 사신에게 자기의 뜻을 전하도록 우홍에게 명령하였습니다.

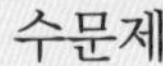

수문제

수양제

"계민은 성심으로 중국을 받들었기 때문에 내가 직접 계민의 막부에 온 것이며, 명년에는 응당 탁군으로 갈 것이다. 너는 돌아가는 날로 너의 왕에게 다음과 같이 말하라. 마땅히 빠른 시간 내에 입조하되, 스스로 의심하거나 두려워하지 말라. 이리하면 내가 너의 왕을 보호하기를 계민과 같이 할 것이다. 그러나 만약 입조하지 않는다면, 계민을 거느리고 너의 땅을 토벌하리라."

왕이 이 말을 듣고, 번방으로서의 예절을 하지 않았으므로, 양제가 장차 토벌하러 올 것을 걱정하였습니다. 여기서 계민은 돌궐의 가한, 즉 추장이었습니다.

22년(611년) 봄 2월, 수나라 양제가 조서를 내려 고구려를 공격하게 하였습니다. 여름 4월, 양제의 행차가 탁군의 임삭궁에 도착하니, 사방의 군사들이 모두 탁군으로 모였습니다.

23년(AD612년) 봄 정월 임오일에 양제가 조서를 내려 말했습니다.

"고구려의 미물들이 어리석고 불손하게도 발해와 갈석 사이에 모여 요와 예의 땅을 잠식하여 왔다. 비록 한 나라와 위나라의 거듭된 토벌로 그 소굴이 잠시 허물어졌으나, 그로부터 세월이 오래 지나니, 그 족속들이 다시 모여들었다.
지난 세대에는 내와 늪의 물고기나 새처럼 조금씩 모였던 것이 이제는 퍼지고 번식하여 오늘에 이르렀다. 요동·현토·낙랑 등의 아름다운 강토를 돌아보니 이제 모두 오랑캐의 땅이 되었고, 세월이 오래되니 죄악이 이미 가득하였다. 천도는 사악한 자에게 화를 내리나니, 그들이 패망할 징조가 이미 나타났다.

그들이 도덕을 손상시키는 일이 헤아릴 수 없이 많으며, 드러나지 않은 흉악한 행동과 속에 품은 간사한 생각이 넘치고 있다. 조칙으로 내리는 엄명을 (왕이) 한 번도 직접 받는 일이 없으며, 입조하는 의식에도 (왕이) 직접 오기를 꺼려하였다. 중국의 반역자들을 수없이 유혹하고, 변방에 척후를 놓아 우리의 봉후들을 자주 괴롭혔다. 이로 말미암아 치안은 안정되지 못하였고, 백성들은 생업을 버리게 되었다. 지난날 문제의 정벌 시에 그들은 천망에서 빠져 나갔다. 이전에 사로잡았을 때에는 죽이지 않은 채 놓아 주었고, 뒷날 항복하였을 때도 처단하지 않았다.

그러나 그들은 이러한 은혜를 생각하지 않고, 도리어 죄를 저질러 거란의 무리들과 합세하여 바다의 우리 수비병들을 살해하였으며, 말갈의 행동을 본받아 요서를 침략하였다. 또한 온 동방의 나라가 모두 조공 술직하며, 해변지역의 모든 나라가 하나같이 신년이 되면 축하의 사절을 중국에 보내거늘, 고구려는 이 때 조공하는 물품을 탈취하고, 다른 나라의 사절이 내왕하는 길을 막고 있다.

그들은 죄 없는 자를 학대하며 성실한 자를 해치고 있다. 천자의 사신이 탄 수레가 해동에 갈 때, 칙사의 행차는 속국의 국경을 통과하게 되는데, 고구려는 도로를 차단하고 우리의 사신을 거절하니, 이는 임금을 섬길 마음이 없는 것이다.

이를 어찌 신하의 예절이라 하겠는가? 이런 행동을 용서한다면, 어떤 행동인들 용서하지 못하랴! 또한 고구려는 법령이 가혹하고 부세가 과중하며, 권력 있는 신하들과 세도 있는 벌족들이 나라의 권력을 잡고, 당파끼리 결탁하는 것이 습속으로 되어 있다. 이들이 뇌물로 주고받는 재화가 시장을 이루니, 백성들은 억울한 사정을 호소할 곳이 없다.

해마다 재변과 흉년이 거듭 들어 집집마다 굶주리며, 전쟁은 그치지 않고 부역은 기한 없이 계속되어, 전쟁 물자를 나르는 일에 힘을 다 쓰니, 지친 몸이 계곡에 쓰러져 간다. 이러한 백성들의 근심과 고통을 누가 제거해줄 것인가?

고구려의 전 지역이 이와 같이 슬픔과 공포에 잠겨 있으니, 그 폐단은 이루 말할 수 없다. 머리를 돌려 백성들의 마음을 살펴보면, 그들은 각각 생명이나 보존하기를 도모하며, 늙은이와 어린이들까지도 모두 정치의 혹독함을 한탄하고 있다. 나는 지방의 풍속을 살피기 위하여 북방에 왔으니, 백성들을 위로하고 죄 있는 자에게 죄를 물어, 두 번 다시 오지 않아도 되도록 할 것이다. 이에 나는 육사(六師)를 거느리고, 구벌(九伐)을 밝혀서 위급한 자를 구해주며, 하늘에 순종하여 이 역적을 무찔러 선조의 뜻을 이어갈 것이다.

이제 마땅히 군율에 따라 행군을 개시하되, 대오를 나누어 목적지로 향할지니, 발해를 뒤덮어 우레같이 진동케 하고, 부여를 짓밟아 번개처럼 휩쓸 것이다.

병기와 갑마를 정돈하고 부대를 경계한 후에 행군할 것이며, 재삼재사 훈시하여 필승을 꾀한 후에 전투를 시작할 것이다. 좌 12군은 누방 · 장잠 · 명해 · 개마 · 건안 · 남소 · 요동 · 현토 · 부여 · 조선 · 옥저 · 낙랑 방면으로 진군할 것이오, 우 12군은 점선 · 함자 · 혼미 · 임둔 · 후성 · 제해 · 답돈 · 숙신 · 갈석 · 동이 · 대방 · 양평 방면으로 진군하되, 진군로를 서로 연락하여 전부 평양으로 집합하게 하라."

군사의 총수는 1백13만 3천8백 명이였는데, 외형적으로는 2백만 명이라고 하였습니다. 그러나 군량 수송을 맡은 자의 수는 무려 배가 되었습니다. 수나라에서는 남쪽 상건수에서 토지 신령께 제사지내고, 임삭궁 남쪽에서 상제께 제사지내고, 계성 북쪽에서 마조에게 제사지냈습니다.

양제는 직접 지휘관을 임명하여, 각 군에 상장·아장 각 1명과 기병 40대를 두었습니다. 1대는 1백 명이며, 10대가 1단입니다. 보병은 80대였는데, 4단으로 나누어, 단마다 각각 편장 1명을 두었으며, 단의 갑옷과 투구의 끈과 깃발의 빛깔을 다르게 하였습니다.

매일 1군씩 파송하되, 상호 거리가 40리 씩 되게 하였습니다. 각 군영이 연속적으로 출발하였습니다. 40일 만에 출발이 모두 끝났습니다. 한 대열의 뒤와 다음 대열의 앞이 서로 연결되고, 북과 나팔 소리가 연이어 들렸으며, 깃발은 9백 60리에 뻗쳤습니다. 황제의 진영에는 12위 · 3대 · 5성 · 9시가 있는데, 내외 · 전후 · 좌우의 6군을 나누어 배속시켜 뒤따라 출발하였습니다. 이 대열이 또한 80리에 뻗쳤습니다. 근고 이래 군사의 출동이 이와 같이 성대한 적이 없었습니다.

2월, 양제가 군사를 이끌고 요수에 도착하였습니다. 모든 군사가 모여 강 앞에 큰 진을 쳤습니다. 우리 군사들은 물을 사이에 두고 방어하였기 때문에 수나라 군사가 건너오지 못하였습니다.

양제가 공부 상서 우문 개에게 명하여, 요수의 서쪽 언덕에서 세 개의 부교를 만들도록 하였습니다. 그리고 그것이 완성된 후, 부교를 끌어 동쪽 언덕으로 잇고자 하였습니다. 그러나 부교가 1장 정도 짧아서 언덕까지 닿지 못하였습니다. 이 때 우리 군사가 크게 공격하였습니다.

고구려와 수나라의 전투를 묘사한 기록화. 전쟁기념관 소장

수나라 군사들 가운데 날쌔고 용맹한 자들이 물로 뛰어들어 접전을 하였으나, 우리 군사들은 높은 곳에서 공격하였으므로, 수나라 군사들은 언덕에 오르지 못하였습니다. 수나라 군사 중에 전사자가 매우 많았습니다. 맥철장이 언덕으로 뛰어 올랐다가, 전사웅 · 맹차 등과 함께 모두 전사하였기 때문에 수나라 군사는 곧 부교를 걷어 다시 서쪽 언덕으로 돌아갔습니다.

양제가 다시 소부감 하 조에게 명하여 부교를 길게 늘이도록 하였습니다. 부교는 이틀 만에 완성되었습니다. 모든 부대가 차례로 건너와 동쪽 언덕에서 큰 전투가 벌어졌습니다. 우리 군사들이 크게 패하여 1만 명 가까운 사망자가 발생하였습니다. 수나라의 여러 부대는 승세를 타고 진격하여 요동성을 포위하였습니다.

요동성은 곧 한 나라 때의 양평성입니다. 양제가 요에 이르러 조서를 내려 전국의 죄수를 사면하고, 형부 상서 위 문승 등을 시켜 요수의 왼쪽 지방 백성들을 위무하였으며, 그들에게 10년간의 부역을 면제시키고, 그곳에 군현을 설치하여 통치하게 하였습니다.

여름 5월, 수나라 장수들이 동쪽으로 오는 초기에 양제는 그들에게 다음과 같은 주의를 주었습니다.
"모든 군사들의 진퇴를 반드시 나에게 보고하고, 나의 지시를 기다릴 것이며, 독단적으로 행동하는 일이 없도록 하라!"

이 때 요동의 우리 군사는 자주 싸우는 것이 해롭다 하여, 성을 굳게 수비하고 있었습니다. 양제는 여러 군사들에게 명령하여 요동성을 치게 하고, 또 여러 장수들에게 명령하여 고구려가 만일 항복하면, 그들을 무마하여 받아들일 것이며, 군사들에게 방종한 행동을 하지 못하도록 하였습니다.
요동성이 함락될 지경이 되면, 성안에 사람들은 번번이 항복하겠다고 말했습니다. 그러나 수나라 장수들은 양제의 지시로 말미암아 적시에 조치를 취하지 못하고, 먼저 양제에게 보고를 띄웠습니다. 그러나 회보가 올 때마다 성의 방비가 갖추어져서 수시로 나와 항거하였습니다. 이러한 상황이 두세 번 계속되었으나, 양제는 끝내 알아채지를 못하고, 성은 오랫동안 항복하지 않았습니다.

6월 기미일에 양제가 요동성 남쪽으로 가서 성곽과 연못의 형세를 관찰하고, 곧 여러 장수들을 불러 꾸짖으며 말했습니다.

"그대들은 벼슬이 높다거나 또한 가문과 세도를 믿고 나를 어리석은 자로 대하려 하는가? 전일 내가 서울에 있을 때 그대들이 내가 이곳에 오는 것을 원하지 않은 것은, 그대들의 단점이 들어날까 두려워 한 것이로구나. 이제 내가 여기에 온 것은, 바로 그대들의 행동을 보아 그대들의 목을 베려는 것인데, 그대들은 지금 죽는 것이 무서워 힘을 다하지 않고 있으니, 내가 그대들을 죽일 수 없을 것으로 생각하는가?"

여러 장수들이 모두 실색을 하고 무서워 떨었습니다. 양제는 성의 서쪽으로 몇 리 떨어진 곳에 머물러 있으면서 육합성을 엿보고 있었으나 우리의 모든 성은 굳게 지키고 항복하지 않았습니다.

좌익위 대장군 내호아가 강 · 회의 수군을 실은 수백 리에 달하는 선단을 이끌고 바다를 통하여 패수로부터 들어오니, 평양과의 거리가 60리였습니다. 우리 군사와 조우하자 그들이 진격하여 우리가 대패하였습니다. 내호아는 승세를 타고 성으로 진격하려 하였습니다.

그러나 부총관 주법상이 만류하며, 여러 군사들이 오기를 기다려 함께 진격하자고 하였습니다. 내호아가 듣지 않고 정예병 수만 명을 선발하여 곧장 성 밑까지 왔습니다. 이 때 우리 장수는 외성에 있는 빈 절간에 군사를 숨겨 놓고, 군사를 출동시켜 내호아와 싸우다가 거짓으로 패하는 체 하였습니다.

내호아가 성 안으로 쫓아 들어와 군사들을 풀어 백성들을 사로잡고 재물을 약탈하느라 미쳐 대오를 정비하지 못하고 있었습니다. 이 때 우리의 숨었던 군사들이 출동하니 내호아가 대패하였습니다. 내호아는 간신히 포로 신세를 면하였고, 살아서 돌아간 군사는 수천 명에 불과하였습니다.

우리 군사는 선창까지 추격하였습니다. 그러나 수나라 장수 주 법상이 진을 정비하여 대비하고 있으므로 우리 군사는 곧 물러 나왔습니다. 내호아는 군사들을 데리고 바닷가로 돌아가서 주둔하며, 다시는 감히 다른 군사들과 호응하고 접촉할 수 없게 되었습니다.

좌익위 대장군 우문술은 부여로 출동하고, 우익위 대장군 우중문은 낙랑으로 출동하고, 좌효위 대장군 형원항은 요동으로 출동하고, 우익위 대장군 설 세웅은 옥저로 출동하고, 우둔위 장군 신세웅은 현토로 출동하고, 우어위 장군 장근은 양평으로 출동하고, 우무후 장군 조효재는 갈석으로 출동하고, 탁군 태수 검교 좌무위 장군 최홍승은 수성으로 출동하고, 검교 우어위 호분 낭장 위문승은 증지로 출동하여 모두 압록강 서쪽에 집결하였습니다.

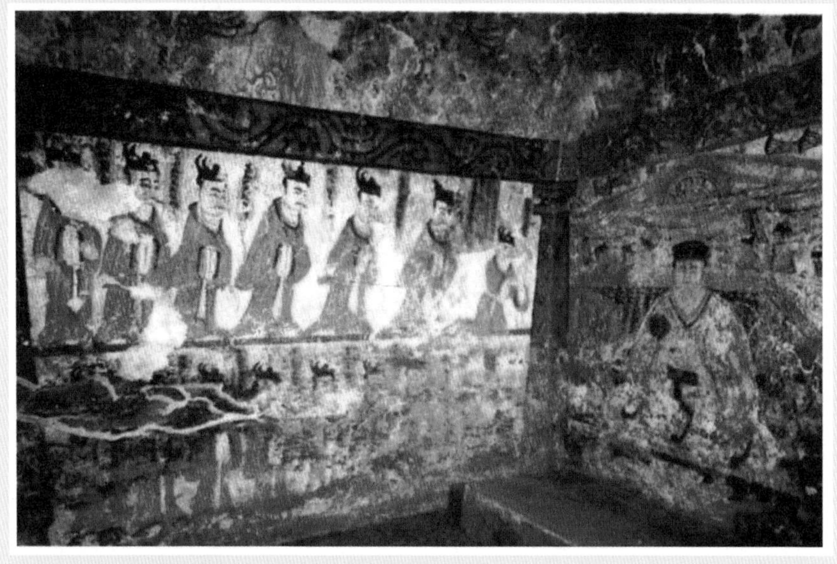

덕흥리고분 13군태수

참고로 덕흥리 고분의 13군의 태수들이 공손하게 예를 올리고 있는 장면입니다. 그림 오른쪽에는 무덤의 주인공이 점잖게 앉아 있습니다. 윗줄 맨 앞의 인물이 첫 번째로 인사를 올리는 듯 무릎을 꿇고 있고, 나머지는 차례를 기다리는 모습입니다. 그들 중간 중간에 글씨가 보이는데, 이것은 각자가 다스리던 지역의 이름입니다. 윗줄은 연군, 범양, 어양, 상곡, 광령, 대군의 6군 태수이고, 아랫줄에는 북평, 요서, 창려, 요동, 현도, 낙랑, 대방의 7군 태수들입니다. 그런데 놀라운 것은 이 태수들이 다스린 지역이 오늘날 중국의 수도인 북경 근처라는 사실입니다. 고구려가 한때 그 지역까지 세력을 미쳤다는 증거인 것입니다. 수양제가 공격진영을 편제하던 지역의 이름과 거의 동일합니다. 이것은 고구려사의 재정립이 필요한 대목입니다.

우문술 등의 군사가 노하회원 두 진 지역에서 군사와 말에게 각각 백일분의 식량을 주고, 또한 갑옷·짧은 창 · 긴 창 · 옷감 · 전투 기재·장막 등을 주었습니다. 이에 따라 군사마다 3섬 이상의 짐을 지게 되어 그 무게를 당해낼 수 없었습니다. 우문술은 군사들에게 명을 내려 "도중에서 곡식을 버리는 자는 참수한다!"고 하였습니다. 군졸들은 모두 장막 밑에 구덩이를 파고 묻었습니다. 사정이 이러하니 겨우 중간 쯤 행군하였을 때, 군량은 이미 거의 떨어졌습니다.

이 때 왕은 대신 을지문덕을 수나라 군영으로 보내 거짓으로 항복하게 하였습니다. 그러나 실은 그들의 실력 유무를 알아보고자 한 것이었습니다. 이보다 앞서 우중문은 양제로부터 만일 고려왕이나 을지문덕이 오는 기회가 있거든 꼭 사로잡으라는 비밀 지시를 받고 있었으므로 우중문은 을지문덕을 잡으려 하였습니다.

그러나 상서 우승 유사룡이 위무사로 와 있습니다가 강력히 이를 말렸습니다. 우중문은 마침내 이 말을 듣고 을지문덕을 돌아가게 하였습니다. 하지만 우중문은 곧 이를 후회하여 사람을 보내 을지문덕에게 거짓으로 전했습니다.

"다시 하고 싶은 말이 있으면 또 와도 좋다." 그러나 을지문덕은 뒤돌아보지 않고 압록강을 건넜습니다. 우중문과 우문술 등은 을지문덕을 놓치고는 내심 불안하였습니다. 여기서 을지문덕이 우중문에게 보낸 시(詩)를 살펴봅니다.

"신묘한 계책은 천문(天文)을 꿰뚫었고	원문 5언시
지리(地理)를 다하였네.	神策究天文(신책구천문)
싸워서 이긴 공이 이미 높았으니	妙算窮地理(묘산궁지리)
	戰勝功旣高(전승공기고)
만족할 줄 안다면 그치면 어떠할까!"	知足願云止(지족

우문술은 군량이 떨어졌다 하여 돌아가려 하였습니다. 우중문이 우문술에게, 정예 부대로 을지문덕을 추격하면 성공할 수 있을 것이라고 하자 우문술이 강하게 말렸습니다. 중문이 성을 내어 말하기를 "장군이 십만 대병을 거느리고도 적은 적군을 깨뜨리지 못하고, 무슨 낯으로 황제를 보려는가? 그리고 나는 이번의 정벌에 공이 없을 줄 미리부터 짐작하였다. 왜냐하면 옛날 명장들이 공을 이룬 것은, 군사에 관한 일이 한 사람에 의하여 결정되었기 때문인데, 지금 우리는 사람마다 각각 다른 마음을 가지고 있으니, 어떻게 적을 이길 수 있겠는가?"라고 하였습니다.

당시 양제는 중문이 계교와 전략이 훌륭하다고 하여, 모든 부대로 하여금 지휘 사항을 자문하게 하였기 때문에 이런 말을 하였던 것입니다. 이로 말미암아 우문술 등이 마지못하여 우중문의 말대로 여러 장수들과 함께 압록강을 건너 을지문덕을 추격하였습니다.

을지문덕은 우문술의 군사가 굶주린 기색이 있는 것을 보았기 때문에 그들을 피로하게 하기 위하여 싸울 때마다 도주하였습니다. 우문술은 하루에 일곱 번 싸워서 일곱 번을 모두 이겼습니다. 그들은 여러 번 이겼다는 사실 때문에 자신을 가지게 되었고, 또한 여러 사람들의 의견에 밀려서, 곧 동쪽으로 진군하여 살수를 건넜습니다. 얼마 후 그들은 평양성 30리 떨어진 곳에 이르러 산을 의지하고 진을 쳤습니다.

을지문덕이 다시 사람을 보내 거짓 항복하는 체하고 우문술에게 청하기를 "만약 군사를 거두어 돌아간다면, 왕을 모시고 황제가 계신 곳으로 가서 예방하겠다."고 하였습니다.

수나라의 고구려 침입

우문술은 자기 군사들이 피로하여 다시 싸울 수 없음을 알고 있었고, 또한 평양성이 험하고 견고하여 조기에 함락시킬 수 없다고 생각하여, 마침내 우리의 거짓말을 곧이듣고는 돌아갔습니다. 우문술은 방진을 치면서 행군하였습니다. 그 때, 우리 군사가 사면으로 공격하였습니다. 우문술 등은 한편으로 싸우며 한편으로 행군하였습니다.

가을 7월에, 우문술의 군사가 살수에 이르러 강을 절반쯤 건널 때, 우리 군사가 후방에서 그들의 후속 부대를 공격하였습니다. 적장 우둔위 장군 신세웅이 여기에서 전사하였습니다. 그러자 여러 부대들이 한꺼번에 무너져 사태는 걷잡을 수가 없게 되었습니다.

장수와 군졸이 뛰어 도주하는데, 하루 낮 하룻밤 사이에 압록강까지 4백5십 리를 행군하였습니다. 수나라 장군 천수 사람 왕인공이 후군이 되어 우리 군사를 막아 물리쳤습니다. 내호아는 우문술이 패하였다는 소문을 듣고 역시 퇴각하였습니다. 다만 위문승의 군대만이 온전하였습니다.

처음 9군이 요동에 도착했을 때는 총수가 30만 5천 명이었는데, 요동성으로 돌아갔을 때는 단지 2천 7백명 뿐이었고, 수만에 달하는 군량과 군사 기재들이 탕진되었습니다. 양제가 크게 노하여 우문술 등을 쇠사슬로 묶어서 계묘일에 돌아갔다고 합니다.

고구려인이 중국을 이길 수 있던 전투방식 하나 소개합니다.

- 『적과 대치하고 있을 때 하루에 세 번 공격한다.』 여기서 세 번은 적이 밥을 지어 먹을 때를 말합니다.
- 『적 진영에 닿기 전에 반드시 후퇴하고 한식경 쯤 후에 다시 한 번 공격한다.』
- 『매일 자(子)시(새벽 1시쯤)에는 반드시 소란을 피우면서 공격을 시도한다. 이때도 한식경 후에는 재차 공격한다.』
- 『밥과 잠을 죽이면 적은 싸울 의지가 꺾인다.』

애초에, 백제왕 장(무왕)이 수나라에 사신을 보내 고구려를 치자고 요청했을 때, 양제는 백제로 하여금 우리의 동정을 엿보게 하였지만 이 때 백제왕 장은 비밀리에 우리와 정보를 교환하고 있었습니다. 수나라 군사가 출동할 때, 백제왕 장이 그의 신하 국지모로 하여금 수나라에 가서 양국 군사가 만날 기일을 알려 주기를 요청하였습니다.

양제는 크게 기뻐하여 후하게 상을 주고, 상서 기부랑 석률을 백제에 보내 양국 군사가 만날 기일을 알려 주었습니다. 수나라 군사가 요수를 건너오게 되자, 백제도 역시 국경에서 군사를 정비하고 수나라에 협조한다는 것을 성명하였으나, 실제로는 양 쪽을 모두 지지하였던 것입니다.

이 번 싸움에서 수나라는 다만 요수 서쪽에서 우리의 무려라 지역을 빼앗아 요동군과 통정진을 설치하였을 뿐이었습니다.

24년(613년) 봄 정월, 수나라 양제가 조서를 내려 전국 군사들을 탁군으로 소집하고, 백성들을 모집하여 효과를 만들고, 요동의 옛 성을 수리하고 군량을 저장하게 하였습니다.

2월, 양제가 근신들에게 "고구려와 같이 하찮은 것들이 상국을 무시하고 있다. 오늘 날 우리의 국력이 바닷물을 뽑아내고 산을 옮길 수 있거늘 하물며 이런 따위의 적이야 무엇이 문제이겠는가?"라고 말하고, 고구려를 다시 정벌할 것을 논의하였습니다.
이 때 좌광록 대부 곽영이 간하여 말하기를, "오랑캐로서 예절을 지키지 못한 것은 신하로서의 일입니다. 천근 무게의 큰 활은 생쥐를 잡기 위하여 사용하지 않는 법이니, 어찌하여 직접 천자의 자리를 더럽혀 작은 도적을 대적하려 하십니까?"라고 간언하였으나, 양제는 이 말을 듣지 않았습니다.

여름 4월, 양제는 요수를 건넜습니다. 그는 우문술과 양의신으로 하여금 평양으로 진격하게 하고, 왕인공은 부여를 경유하여 신성으로 진군하도록 하였습니다. 우리 군사 수만 명이 이들과 대항하여 싸우다가 왕인공의 강병 1천여 명에게 패배하였습니다. 그러자 우리 군사는 성을 굳게 지켰습니다.

양제가 모든 장수에게 명령하여 요동을 치게 하고, 그들로 하여금 사태에 따라 명령을 기다리지 말고 적절하게 조치하도록 하였습니다. 그들은 비루동 · 운제 · 지도를 이용하여 사면에서 동시에 밤낮으로 공격하였습니다. 그러나 우리도 그때마다 적절히 대응하였기 때문에 20여 일이 지나도록 성을 빼앗기지 않았습니다. 이 과정에서 양 편 모두 전사자가 매우 많았습니다.

수나라에서 길이가 열댓 길 되는 성곽 공격용 사다리를 세우고, 효과심광이 그 끝에 올라서서 성을 내려다보며 우리 군사와 단병으로 접전하여 10여 명을 죽였습니다. 우리 군사들이 앞 다투어 그를 밀었는데, 그는 땅에 채 닿기 전에 사다리에 매달려 있던 줄을 잡고 다시 올라갔습니다. 양제가 이를 바라보고는 장하게 여겨 즉시 그에게 조산대부 벼슬을 주었습니다.

요동성

요동성이 오래도록 함락되지 않자, 양제는 1백여 만 개의 포대를 만들어 보냈습니다. 그는 포대에 흙을 채운 후에, 넓이가 30보가 되는 성과 높이가 동일한 큰 뚝 길을 쌓게 하고, 군사들로 하여금 그 위에 올라서서 성 안을 공격하게 하는 작전을 구상하였습니다. 또 한편으로 높이가 성보다 훨씬 높은 팔륜누거를 만들어, 새로 만든 큰 뚝 길에 세워 성 안을 내려다보며 활을 쏘게 하는 방법도 구상하였습니다. 장차 날짜를 정하여 이러한 방법으로 공격하려 하자, 성 안에서는 위협을 느끼고 위축되어 있었습니다.

그러나 때 마침 수나라에서 양현감이 반역하였다는 보고가 오자, 양제는 크게 두려워하였습니다. 또한 고관들의 자제가 모두 현감의 편에 섰다는 소식을 듣고 더욱 걱정하게 되었습니다. 이 때 수나라 병부 시랑 곡사정이 본래부터 현감과 친한 사이였으므로, 내심 불안하게 생각하여 우리 편으로 도망해왔습니다.

양제는 밤에 여러 장수들을 조용히 불러 군사를 인솔하고 돌아가도록 하였습니다. 군수 기재와 공격용 도구들이 산더미처럼 쌓였고, 병영과 보루, 장막들도 자리에 둔 채 그대로 있었으나, 군사들의 마음은 흉흉하여 다시 부대를 정비하지 못하고, 여러 갈래 길로 흩어졌습니다.

우리 군사가 이를 즉시 알았으나, 선불리 나가지는 못하고 성 안에서 북을 울리며 떠들고 있다가 이튿날 오시에야 조금씩 밖으로 나오기 시작하였습니다. 그러나 이때도 오히려 수나라 군사가 우리를 속이는 것으로 의심하였습니다.

이틀이 지나서야 수천 명의 군사를 출동하여 추적해 갔습니다. 그러나 수나라 군사의 수가 많은 것을 두려워하여 가까이 접근하지 못하고, 일정하게 8~9십리의 거리를 두고 뒤따라갔습니다. 거의 요수에 이르러서야 양제의 친병이 모두 건너간 것을 알고 곧 그들의 후군을 공격하였습니다. 이때에도 후군의 수가 수만 명이었는데, 우리 군사가 따라 가면서 끝까지 공격하여 대략 수천 명을 살상하였습니다.

25년(AD614년) 봄 2월, 양제가 백관들에게 조서를 내려 고구려를 공격하는 문제를 의논하게 하였으나, 수 일 동안 감히 이에 대하여 말하는 자가 없었습니다. 양제가 조서를 내려 다시 전국 군사를 소집하여 모든 방면의 길로 일시에 진공하게 하였습니다.

가을 7월, 양제가 회원진으로 행차하였습니다. 이 때 수나라는 나라 전체가 이미 혼란하여, 소집한 군사의 대부분이 기일을 어기고 오지 않았고, 우리 쪽도 역시 피폐된 상태였습니다. 수나라 장군 내호아가 비사성에 이르자, 우리 군사가 나아가 싸웠으나 내호아가 승리하고 곧 평양으로 진격하려 하였습니다. 그러자 왕이 두려워하여 사신을 보내 항복을 청하고, 곡사정을 돌려보냈습니다. 양제가 크게 기뻐하여 신임표 가진 사절을 보내 내호아를 소환하였습니다.

8월, 양제가 회원진에서 군사를 거두었습니다. 그해 겨울 10월에는 양제가 서경에 돌아가서 우리의 사신과 곡사정에 대한 일을 태묘에 고하고, 또한 우리 왕에게 수나라 조정에 들어와 예방하라고 하였으나 왕이 끝내 듣지 않았습니다. 양제가 장수들에게 엄밀하게 대비할 것을 명하고, 다시 공격할 것을 기도하였으나 결국 실행에 옮기지 못하였습니다. 끝으로 수나라 전역에 고구려와의 싸움이 얼마나 처절하였는가를 보여주는 시가 한편을 소개합니다.

王薄(왕부)의 無向遼東浪死歌(무향요동랑사가)

장백산 앞의 지세랑씨
몸에는 붉은 비단 앞뒤로 두르고
손에 잡은 긴 창 하늘 높이 뻗었고
둥근 칼날은 햇빛에 반짝이네
산에 들어가서 사슴 노루 잡아 먹고
산을 내려와서는 소와 양 잡아먹네
이윽고 관군 도착하였단 말 듣고
칼들고 앞을 향해 돌진해가네

*** 고구려정벌을 위한 수, 당의 지나친 인력동원에 항거하는 노래로 요동에 가서 개죽음(浪死)을 하느니 도적질하여 배불리 먹고 죽을 것을 빗대어 권유함.

✔알면 더 많이 보인다➲

『자치통감』은 그 역사 기록을 기원전 5세기 주나라부터 시작하여 10세기 후주까지 1,362년 사이의 역사를 송나라의 정치가이자 역사가인 사마광이 쓴 중국최대의 역사서이다. 진나라, 수나라, 당나라 그 다음에 송나라까지 이야기가 담겨진 거대한 역사서인데 외국어로는 처음으로 중앙대학교 권중달 교수가 번역을 했다. 백과사전처럼 32권의 방대한 양의 역사서가 2010년 완역되었다.

삼국사기의 저자 김부식 선생은《자치통감》에서 사료를 많이 인용했습니다.

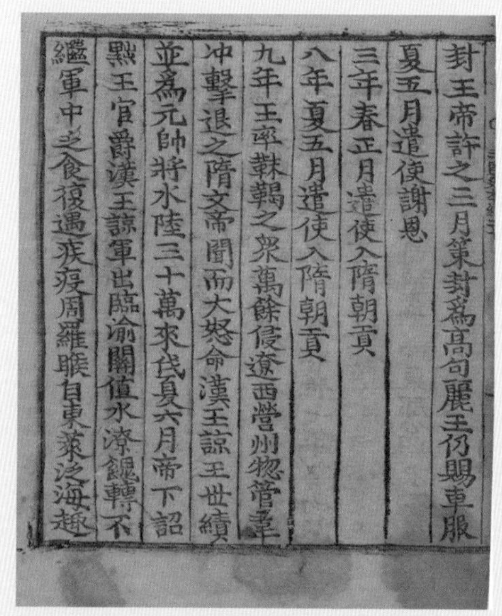
封王帝許之三月策封爲高句麗王仍賜車服
夏五月遣使謝恩
三年春正月遣使入隋朝貢
八年夏五月遣使入隋朝貢
九年王率靺鞨之衆萬餘侵遼西營州摠管韋
冲擊退之隋文帝聞而大怒命漢王諒王世績
並爲元帥將水陸三十萬來伐夏六月帝下詔
黜王官爵漢王諒軍出臨渝關値水潦餽轉不
繼軍中乏食復遇疾疫周羅睺自東萊泛海趣

삼국사기 고구려본기 영양왕조
(출처 : 국사편찬위원회)

영양왕조의 고구려 본기는 다른 왕조에 비하여 엄청나게 자세히 기록되었습니다. 우리의 역사에서 열광하는 광개토대왕조는 한 쪽에 불과합니다. 그런데 갑자기 수나라가 고구려를 칠 때 길어지고 수양제 군대를 이끄는 출사표가 인용되어 있습니다. 원래 출사표는 신하가 왕한테 올리는 문서가 상식적인 데 반하여 수양제는 자신의 백성들과 동원된 군대에게 발표를 합니다.

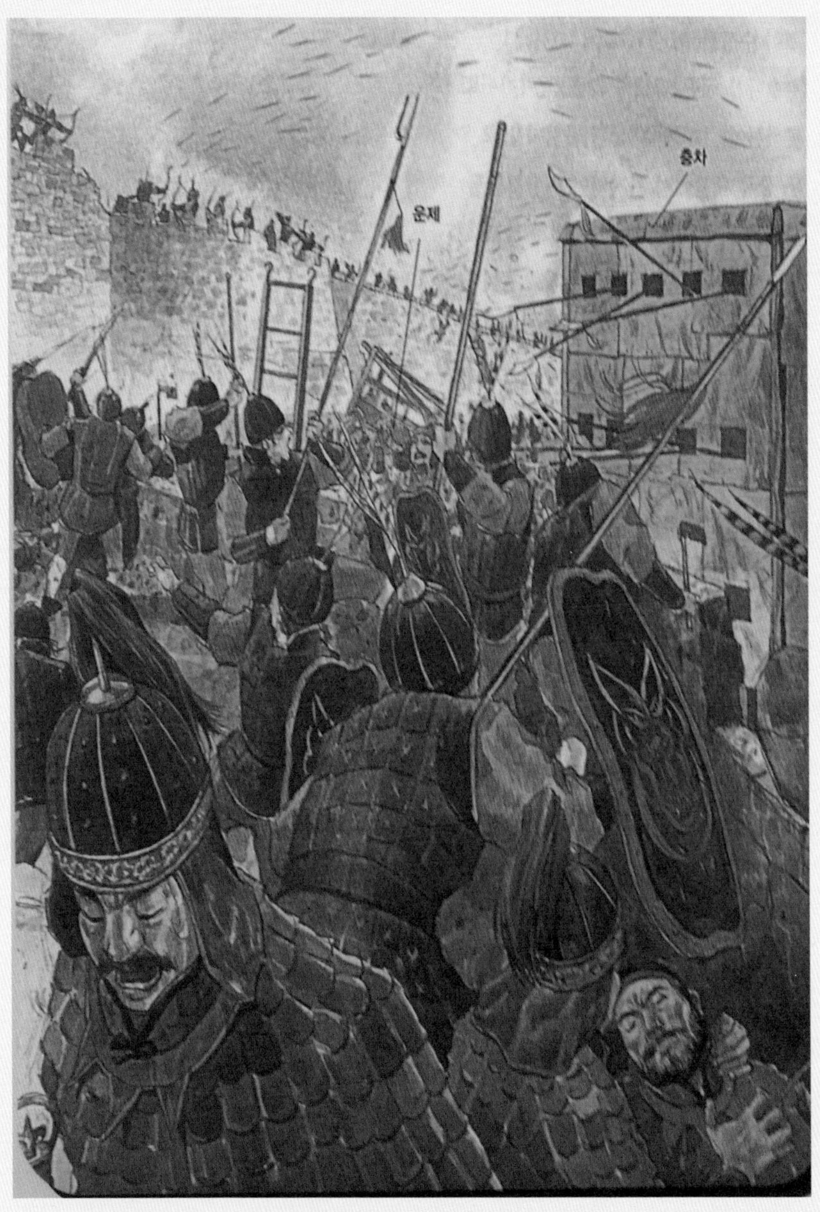

안시성전투를 묘사한 기록화. 전쟁기념관 소장

수나라는 그 당시의 최신병기를 모두 다 총동원했습니다. 고구려 성이 워낙 강력하니까 그걸 부수기 위해선 마차에 나무판자로 칸막이를 만들고, 그 뒤에서 우마나 병졸들이 성벽 앞까지 끌어다 위에 올라가 성벽을 공격하거나 사다리를 타고 올라가 성으로 진격할 수 있게 만든 운제(雲梯)까지 등장을 합니다. 그러나 고구려는 수비 또는 수성(守城)에는 명수이기에 전쟁은 그리 간단히 끝나지 않았습니다. 이러한 수비작전을 구체적으로 설명하려면 고구려의 명재상 명림답부(明臨答夫)의 이야기를 언급하지 않을 수 없습니다.

명림답부는 후한(後漢)이 고구려를 쳐들어올 때 **주위 백리를 사방 백리를 불을 다 태워 아무것도 쓸 수 없게 만듭니다, 나무란 나무 다 불태우고, 곡식을 없애고 보이는 우물은 모두 덮어버려 식수를 조달하기 어렵게 만들었습니다**. 그러면 한나라 군사는 갖고 온 식량과 식수만으로 전쟁을 치러야 한다고 주장을 했습니다. 다음은 삼국사기 고구려본기 내용의 번역본입니다.

『8년 겨울 11월, 한 나라에서 대병을 일으켜 우리를 향하여 왔다. 왕이 군신들에게 공격과 수비의 어느 쪽이 좋은가를 물었다. 여러 사람들이 의논하여 말했다.
"한 나라 군사들이 수가 많은 것을 믿고 우리를 경시하니, 만약 나아가 싸우지 않으면, 적은 우리를 겁쟁이라 하여 자주 침입할 것입니다. 또한 우리나라는 산이 험하고 길이 좁으니, 이야말로 한 명이 문을 지키면 만 명이 와도 막아낼 수 있는 격입니다. 따라서 한 나라 군사의 수가 많을지라도, 우리를 어찌할 수 없을 것이니, 군사를 출동시켜 방어하소서."

그러나 명림답부가 이에 대해서 다음과 같이 말했습니다.
"그렇지 않습니다. 한 나라는 나라가 크고 백성이 많습니다. 이제 그들이 강병으로 멀리까지 쳐들어오니, 그 예봉을 당할 수 없습니다. 또한 병력이 많은 자는 싸워야 하고, 병력이 적은 자는 수비해야한다는 것이 병가의 법도입니다.
이제 한 나라는 천리 길이나 되는 먼 곳에서 군량미를 수송해야 하므로, 오래 버틸 수는 없을 것입니다. 그러므로 만약 우리가 성 밖에 도랑을 깊이 파고 보루를 높이 쌓으며, 성 밖의 들판에 곡식 한 알, 사람 하나 없이 비워 놓고 기다리게 되면, 그들은 반드시 열흘 혹은 한 달을 넘기지 못하고, 굶주림과 피곤으로 인하여 돌아갈 것입니다. 이 때 우리가 강한 군사로써 이들을 육박하면 뜻대로 될 수 있을 것입니다."』

왕이 이를 옳게 여겨 성을 닫고 굳게 수비하였습니다. 한 나라의 군사들이 공격하다가 승리하지 못하고, 장수와 졸병들이 굶주리다 못하여 퇴각하였습니다. 이 때 답부가 수 천 명의 기병을 거느리고 추격하여, 좌원에서 전투를 벌이니, 한 나라 군사가 크게 패하여 한 필의 말도 돌아가지 못하였습니다. 왕이 크게 기뻐하여 답부에게 좌원과 질산을 식읍으로 주었습니다.

4. 연개소문과 당나라와의 전쟁

우리나라 옛날이야기에 많이 등장하는 동물 중의 하나가 호랑입니다. 애기가 울면, "호랑이가 온다."라고 말하면서 엄마나 할머니는 아이를 달랬습니다.

일제 강점기에는 일본 사람이 얼마나 지독했는지 애기가 울면 "일본 순사 온다."라고 말해서 아이에게 겁을 주었습니다. 다른 이야기이지만 일제의 잔재가 아직도 남아있는 곳이 있습니다. 일본 경찰은 한국인을 착취하기 위한 수단이었던 것입니다. 일본은 한국인이 기업 활동을 못하게 하려고 기업관계법을 만들었습니다. 그리고 그때 관청이라는 것은 전부 한국인을 수탈하고 규제하고 감시하기 위한 것이었습니다. 아마도 이런 전통이 아직도 남아있는 것 같습니다. 무엇보다 국민 억압적인 법과 제도가 빨리 없어져야하는 것입니다. 이런 것이 행정규제 완화의 근본방향이기도 한 것입니다[3].

그러면 중국 사람들은 아기가 울 때 달래기 위해 어떤 말을 할까요? "천개소문 온다. 울음을 그쳐라!"라고 아이들에게 공포의 대상으로 '천개소문'을 데리고 온다고 하는데 여기서 천개소문은 바로 연개소문입니다. 당나라 고조의 이름이 '이 연(李淵)'이기에 연개소문이라 하지 않고 천개소문(泉蓋蘇文)이라고 부르고 있다고 합니다.

---

3) 『한국인의 신화, 일본을 앞선다』 송병락. 중앙일보사. 1995

'연은 성이고, 개소문은 이름이다. 외모가 뛰어나고 아름다우며, 기운이 호방해서 작은 일에 대범했다.' '잔인무도하고, 몸에는 크고 작은 칼 다섯 자루를 차고 다녔다.' 이것은 삼국사기의 연개소문에 대한 기록입니다.

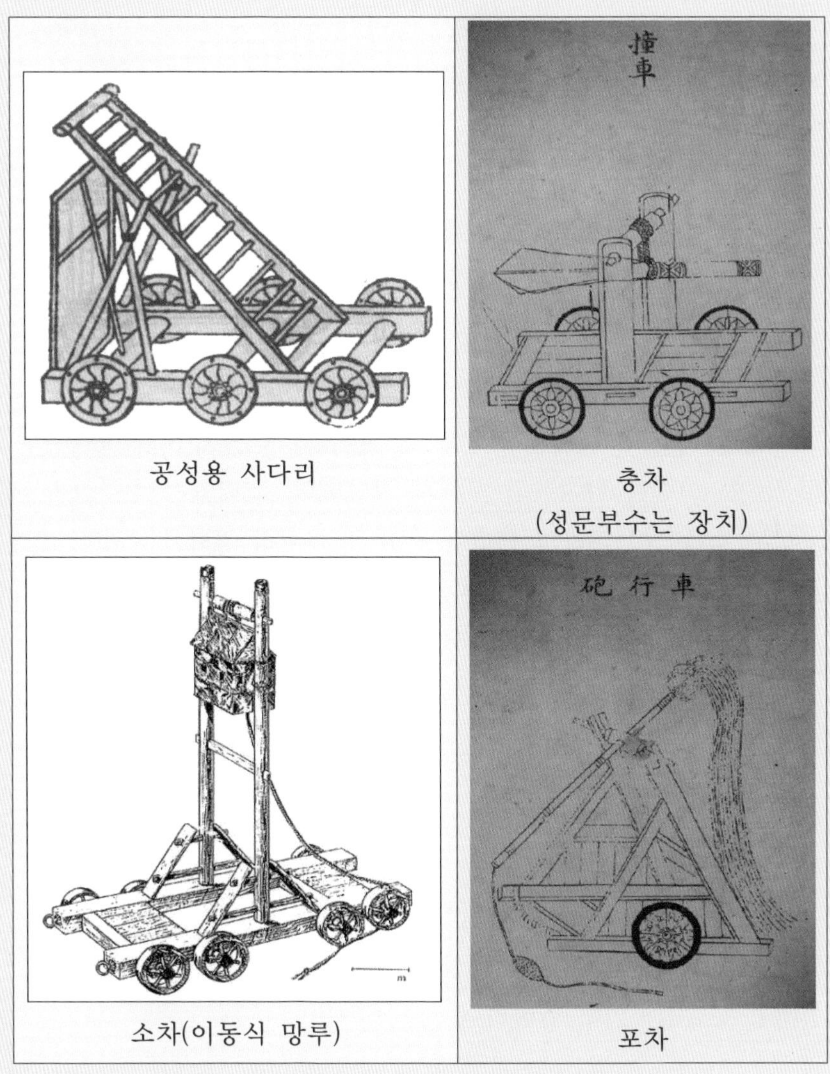

공성용 사다리	충차 (성문부수는 장치)
소차(이동식 망루)	포차

당 태종 이세민이 고구려를 치면서 내세운 명분 중의 하나는 '연개소문이 임금을 시해하고 백성들을 학대하며, 당의 명을 듣지 않아서 토벌한다.'는 것이었습니다. 하지만 이렇게 연개소문을 악의적으로 평가하고 전쟁을 도발하는 명분으로 삼은 이유가 무엇일까요?

이웃나라에 대한 당연한 이야기 같지만 중국 사람들은 이상하리만치 우리 민족에게 악의적인 평가를 서슴치 않았습니다. 다음은 그 몇 가지 사서(史書)의 기록입니다.

삼국지위서(三國志魏書) 권30 동이전 고구려 ➲
그 나라의 대가(大家)들은 농사를 짓지 아니하므로 앉아서 먹는 인구(坐食者)가 만여명이나 되는 데 하호(下戶)들이 먼 곳에서 양식, 고기, 소금을 운반해다가 그들에게 공급한다.

수서(隋書) 양제기 대업 8년 정월 초 고구려원정 출사(出師)의 조(詔)
고구려는 법령이 가혹하고 부세가 과중하며, 권력있는 신하들과 세도있는 벌족들이 나라의 권력을 잡고, 당파끼리 결탁하는 것이 습속으로 되어 있다. 이들이 뇌물로 주고 받는 재화가 시장을 이루니, 백성들은 억울한 사정을 호소할 곳이 없다. 해마다 재변과 흉년이 거듭 들어 집집마다 굶주리며, 전쟁은 그치지 않고 부역은 기한 없이 계속되어, 전쟁 물자를 나르는 일에 힘을 다 쓰니, 지친 몸이 계곡에 쓰러져 간다.

후한서(後漢書) 동이열전 고구려➲
그 나라 사람들은 성질이 흉악하고 급하며, 그 풍속은 음란하고, ... 밤에는 남녀가 떼 지어 노래를 부른다. 기력(氣力)이 있고 전투를 잘하고 노략질하기를 좋아하여 ....

동부(서부?)대인인 아버지가 죽자 다른 귀족들은 연개소문이 집안의 직위(대대로)를 계승하는 것을 반대했습니다. 그의 잔인한 성품을 이유로 내세웠습니다. 결국 연개소문은 정변을 일으켜 대막리지(행정과 군사를 장악한 최고의 권력자)가 되어 23년 동안 고구려의 모든 권력을 장악했습니다. 그리고 그를 역사적 인물로 등장시킨 계기는 당나라와의 전쟁이었습니다.

당시 동아시아의 역학 관계로 보아 동아시아의 패권을 놓고 고구려와 당이 갈등을 빚는 것은 필연적이었습니다. 당은 수나라의 큰 패배를 설욕하려 했고, 한반도를 완전히 정복하려 했습니다. 하지만 건국 초기에는 민란과 권력 쟁탈전 등으로 내부가 혼란스러웠고, 국제적으로도 주변국들의 침입 등으로 불안정했습니다. 따라서 본격적인 전쟁 준비에는 시간이 걸렸습니다.

현실적으로 당나라에 비해 국력이 열세였던 고구려는 국가의 존엄을 지키면서 기존의 세력을 유지하려면 당나라 건국 초기에 주변국들과 우호관계를 만들면서, 전쟁 준비를 서둘러야 했습니다. 하지만 영류왕과 대부분 귀족들은 당과 유화정책을 취하고 있었습니다. 결국 조정은 온건파와 강경파로 나눠졌습니다.

영류왕 건무는 해군제독으로 해로를 통하여 평양으로 향했던 수나라 내호아를 물리친 인물이었지만 당의 공격에 수비전과 지구전을 택했습니다. 수나라와의 4차에 걸친 전화로 인해서 고구려 백성도 지쳤다고 판단한 것이 그 이유입니다. 이에 연개소문은 반발했습니다.

그는 지금이야말로 중원의 앞마당을 차지할 절호의 기회라고 생각한 강경파였습니다. 연개소문이 당에 선제공격할 것을 주장하자 영류왕은 그를 천리장성 감독관으로 보내어 당나라와의 평화를 유지하려 했습니다.

하지만 연개소문은 이를 물리치고 반란을 택했습니다. 그는 영류왕을 추종하던 온건파 대신들 180여 명을 죽이고, 영류왕까지 죽인 후에 스스로 대막리지로 등극하며 정치권과 군권을 장악하게 됩니다. 이제 연개소문과 당 태종간의 정면 대결은 피할 수 없는 운명이 되었습니다.

연개소문이 방효태가 이끄는 당나라군을 섬멸한 사수대첩을 묘사한 기록화. 전쟁기념관 소장

역사가들은 연개소문을 어떻게 평가하고 있을까요? 한마디로 극과 극입니다. 김부식은 《삼국사기》에서 '연개소문은 임금을 죽인 역적이며 고구려를 망하게 한 장본인'이라고 평한 반면 신채호는 '고구려의 대정치가이자 대장군'으로, 박은식은 '국가의 존엄을 지키고 대륙을 호령했던 절세의 영웅'으로 각기 다르게 평가하고 있습니다.

중국에서 오늘날까지 상연되고 있는 '이니하' '독문관' 제목의 경극(京劇)에 고정 출연자 중의 한 명이 비도(飛刀)를 들고 저승사자의 가면을 쓴 연개소문이라는 사실을 알려드리고 싶습니다. 오늘날 까지도 중국인들이 가장 무서워하는 인물이 연개소문이라는 것입니다.

중국 경극『독목관』의 대본표지-우측이 연개소문이고 좌측이 설인귀이다.

수나라의 대(對)고구려 전쟁의 실패를 철저히 분석하고 그 해결책을 모색한 당태종은 645년 고구려 공격을 시작했습니다. 요하가 무너지고, 많은 성들을 함락했습니다. 안시성 공략이 만만치 않아 지리한 전투가 벌어질 때 연개소문은 즉시 압록강 방어를 맡은 15만 명의 고구려군과 말갈군으로 구성된 혼성군을 신성으로 파견합니다.

이 혼성군은 결국 전투에서 대패하였지만 유명한 안시성 성주(城主)인 양만춘은 고군분투해 안시성 방어에 성공합니다. 그리고 고구려 군대는 퇴각하는 당 태종 군대를 계속 추격하여 당 태종을 여러 차례 위기에 몰아넣었습니다.
단재 신채호는 '조선상고사'에서 연개소문이 이끄는 고구려군이 북경 근처까지 진격했다고 『조선상고사』에서 주장하고 있습니다. 그러면서 북경 주변에 '고려성'이라는 이름의 성이 있고 '고려'가 들어가는 지명이 여러 군데 있다는 것을 근거로 제시한 바 있습니다.

어떻든 당 태종은 연개소문과의 첫 대결에서 대패한 이후 647, 648년 계속해서 요동반도 해안과 압록강을 공격하지만 끝내 실패하고 649년에 죽었습니다. 그리고 당 태종은 죽으면서 유언으로 남긴 유명한 문장이 있습니다.

破遼東之役(파요동지역) '연개소문이 살아있는 한 요동에 있는 고구려를 침공하지 말아라'

당나라는 산발적으로 고구려 국경을 넘보기도 했지만 연개소문이 살아있는 한 고구려 정벌을 성공할 수가 없었습니다. 하지만 연개소문이 665년(?)에 죽으면서 고구려의 운명도 내리막길을 걷게 됩니다. 아쉽게도 연개소문의 죽음에 대해서는 자세한 기록이 없습니다.

역사가들은 고구려 멸망 원인을 연개소문 사후의 내분 탓으로 돌리고 있습니다. 20여 년에 걸친 전쟁으로 민심이 떠났으며, 자식들이 권력 쟁탈전에 몰입했기 때문이라는 것입니다. 실제로 기록에 의하면 큰 아들인 연남생은 동생들의 배신으로 당나라로 도피했다가 도리어 고구려를 공격했습니다.

또한 동생인 연정토는 많은 군사와 백성들을 데리고 신라로 망명하였습니다. 절대 권력자 아들들의 권력 투쟁은 종국에는 국가의 멸망으로 이어졌습니다. 연개소문의 타계 3년 후인 668년 9월에 평양성은 함락되고 고구려는 안타깝게도 700여년의 장구한 역사를 마감합니다.

중원대학교의 서영교 교수는 고구려의 멸망 원인을 위의 내용과 더불어 연개소문 사후 665년(연개소문 생존 시)까지 중립적 입장이나 우호적 위치에 있던 북방의 돌궐과 거란이 고구려에게 등을 돌리고 당나라 쪽으로 돌아 섰다는 점도 지적하고 있습니다.

5. 광개토대왕비

광개토대왕비

현재 필자가 틈틈이 역사해설을 위하여 근무하고 있는 온달관광지 내 온달관을 찾는 관광객들에게 고구려의 역사 중 생각나는 인물이 누구냐고 질문을 던지면 항상 첫 번째 대답은 광개토대왕입니다. 태왕의 시호(諡號)에서 알 수 있듯이 국강상광개토경호태왕(國岡上廣開土境好太王)입니다.

이를 풀이하면 '나라의 강토를 넓히어 우리를 편안하게 만든 우리가 좋아하는 태왕님'이라는 말입니다.『삼국사기』의「고구려본기」에 의하면 광개토태왕의 이름은 담덕(談德)이며 고국양왕(故國壤王)의 아들입니다. 나면서부터 기상이 웅위(雄偉)하고 남에게 구속받지 않는 뜻이 있었습니다.

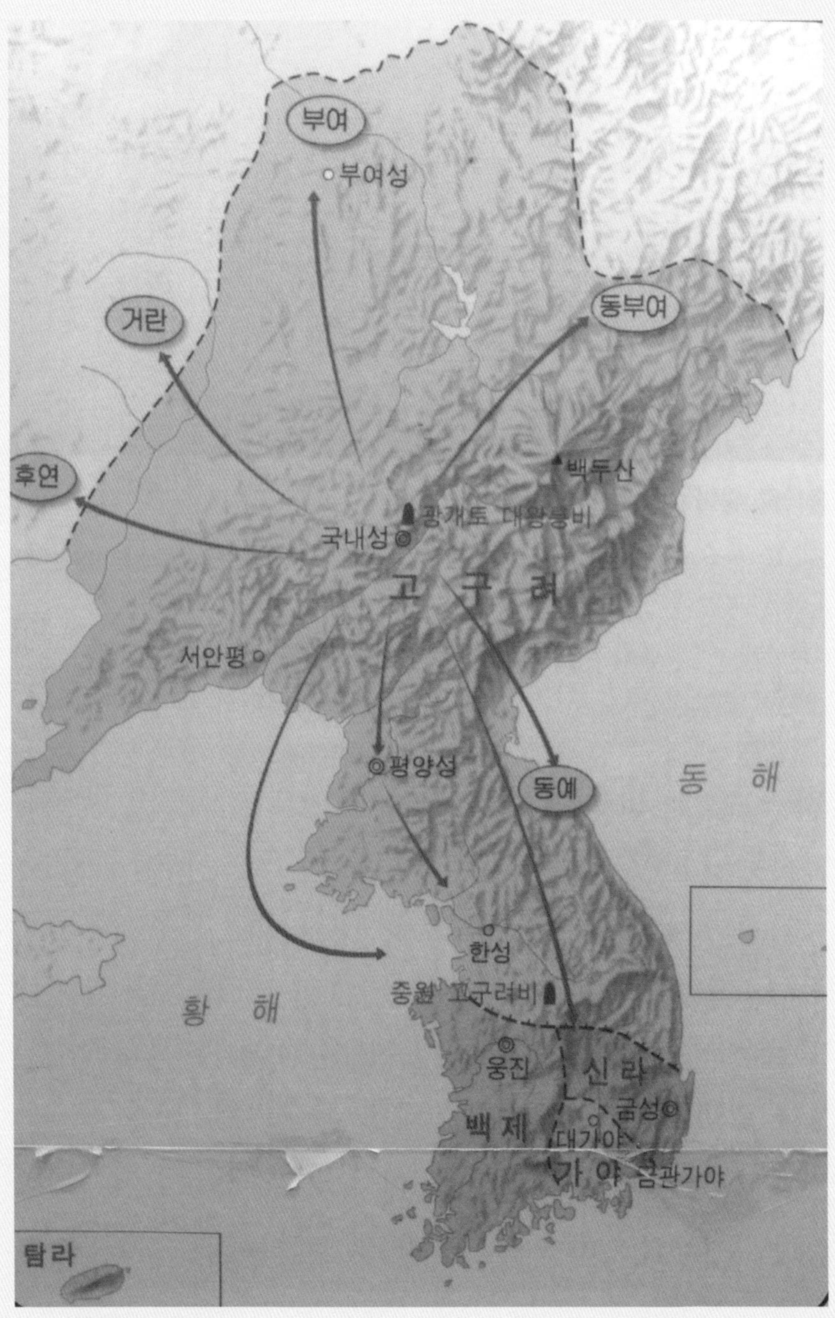
부여
부여성
거란
동부여
후연
백두산
광개토 대왕릉비
국내성
고 구 려
서안평
평양성
동예
동 해
한성
중원 고구려비
황 해
웅진
신 라
금성
백 제
대가야
가 야
금관가야
탐라

고구려강역도(5세기)

1 광개토대왕의 업적

다음은 광개토대왕의 간단한 약력과 업적입니다[4)]

374년 탄생

386년 13세에 태자로 봉해짐

391년[영락원년(永樂元年)] 18세의 나이로 즉위

392년 백제를 쳐서 석현(石峴) 등 10성을 획득하고 관미성(關彌城)을 함락시켰음

392년 북으로 글안(契丹)을 정벌

393년 평양에 9개의 사찰을 창건

393-395년 한강유역을 둘러싸고 백제와 교전

395년 흥안령산록 시라무렌강 유역의 거란부족의 일부인 비려(稗麗)를 정벌하고 북풍(北豊) 등 요동 일원의 토경순수(土境巡狩)

396년 수륙양군으로 백제를 쳐서 대산한성(大山韓城), 아단성(阿旦城) 등 한강유역의 58성을 획득

398년 국경지대인 숙신(肅愼)의 토곡(土谷)을 순시하고 이웃한 국가를 복속시킴

400년 신라에 침입한 왜구(倭寇)를 격퇴하여 신라를 구원하는 동시에 임나가야(任那加羅) 안라(安羅)등 가야 여러 나라를 복속시킴

402년 대능하(大凌河)유역에 진출하여 후연(後燕)의 숙군성(宿軍城)을 공략

404년 후연의 연군(燕郡)을 정벌

404년 대방(帶方)에서 백제와 왜 연합군 격파

4) 출처 : 『삼국사기』 및 박인전, 『광개토대왕릉비』, 운림필방, 1987.

405-406년 국경에 침입한 후연군을 격퇴
407-408년 후연을 붕괴시키고 이를 계승한 북연왕 고운(高雲)에게 종족의 예(禮)를 베품, 이후 북연은 고구려의 종속국이 됨
407년 백제의 후방을 공략하여 사구성(沙溝城) 등 6성을 획득
410년 동부여 및 연해주 일원 정복, 부여의 옛 땅에 수사(守事;지방관)를 파견하여 통치함
412년[영락(永樂)22년] 9월 붕어

2 광개토대왕비에 대한 평가와 능비의 현황

1. 광개토대왕비에 대한 만주 현지 사람의 평가

"비(碑)가 오랫동안 풀 섶 속에 묻혔다가 최근에 영희(榮嬉)가 이를 발견하였는데, 그 비문 가운데 고구려가 땅을 침노해 빼앗은 글자는 모두 칼과 도끼로 쪼아 내서 알아볼 수 없게 된 글자가 많다. 그 뒤에 일본인이 이를 차지하여 영업적으로 이 비문을 박아서 파는 데 왕왕 글자가 떨어져 나간 곳을 석회로 발라 알아볼 수 없는 글자가 도리어 생겨나서 진적(眞的)한 사실은 삭제되고, 위조한 사실이 첨가된 듯 한 느낌도 없지 않다"

2. 능비의 현황

능비는 동쪽으로 45도 정도 치우친 동남향에서 서북방 방향으로 서 있는 데, 대서(臺石)과 비신(碑身)의 두 부분으로 되어 있습니다. 대석은 약 20cm 두께의 화강암을 사각형으로 다듬은 것으로 길이 3.35m 너비 2.75m의 크기인데, 현재 3면을 제외하고는 모두 깨어

져 나갔습니다. 비신은 우리가 흔히 보는 화강암이 아니라 방주형의 현무암질 화산암(종래에는 응회암으로 보았습니다.)에 약간의 인공을 가한 것으로, 너비 1.35 ~2.0m 높이 6.39m에 달하는 동양 최대의 크기이며, 개석(蓋石)이 없는 고구려 석비 특유의 형태로 되어 있습니다[5].

여기에 한(漢)의 예서(隸書)에 가까운 고구려 특유의 웅혼한 필체로 10~15cm 정도 크기의 모두 44행 1,775자의 문자가 음각되어 있어 1979년에 발견된 중원고구려비와 더불어 당대 고구려의 대외 관계를 밝혀주는 최고의 금석사료(金石史料)로 평가됩니다.
특히, 한국고대사의 경우 당대의 문헌 사료를 갖고 있지 못하여 미해결의 과제가 산적해 있다는 점을 고려한다면, 능비(陵碑)는 고구려사는 물론 한국고대사의 발전과정을 해명할 수 있는 중요한 열쇠를 지닌 자료라고 할 것입니다.

광개토대왕

5) 비신의 4면에 모두 문자가 새겨져 있는 사면환각비(四面環刻碑)인데, 대체로 5.5m높이에서부터 비문을 조각하기 시작하였으며, 문자의 크기와 간격을 고르게 하기위하여 각면의 위와 아래에는 횡선을 긋고, 매행은 약 13cm간격으로 가는 종선을 그었습니다.

3 광개토경(廣開土境)[6]

광개토경(廣開土境)은 어디인가?[7] -북방경략의 웅지

광개토대왕은 소수림왕대의 국력배양을 바탕으로 남진정책을 강화하는 동시에 전통적인 중국 대륙으로의 서진(西進)을 비롯한 북방영역의 개척에도 고삐를 늦추지 않았습니다.

다만, 대왕의 북방경략은 새로운 영토 확장 만을 위해서라기보다는, 방대해진 제국 내의 영역과 제 민족 집단을 중앙통치하에 효율적으로 집결시키고, 요하선(遼河線)에서 대능하(大凌河)유역에 이르는 유동적인 국경지대를 확보하여 대(對) 중국관계에서 외교적 우세를 점하는 데에 중요한 정책적 목표가 있었다고 할 것입니다.

1. 글안 정토(征討)와 서북방 영토 순수

광개토대왕이 즉위한 후 최초의 대규모 원정은 영락 5년(395년)에 이루어졌습니다. 비문에 의하면,
"영락 5년에 대왕은 친히 군사를 이끌고 부산(富山)에 있는 부산(負圳)을 지나 연수(鹽水)가에 이르러 패려(稗麗) 3부락의 6백-7백영(營)을 공파하고 수많은 소, 말, 양 등을 획득하였으며, 양평도(襄平道)로 개선하는 길에 북풍(北豊)등 요하(遼河)부근의 토경(土境)을 순수(巡狩)하였다." 라고 합니다.
글안은 후일 만주에서 요(遼)라는 정복왕조를 세우지만, 당시에는

6) 서영수 「광개토대왕비의 연구사적 의미」, 『고구려연구 제1집』, 고구려연구회, 1995.
7) 신채호 『조선상고사 II』, 일신서적공사, 1986. pp218~219

아직 국가로서의 규모를 갖추지 못하고 8부로 분립된 채 중국의 북변이나 고구려의 서북방을 침구하던 유목 민족이었습니다. 시라무렌강 유역은 후연(後燕)의 도성이 있는 조양(朝陽)의 서북쪽으로, 고구려의 대 후연 견제정책의 의미를 지니는 작전인 동시에 만주의 서쪽 끝인 초원지대를 공략한 상징적인 정복전쟁이라고 할 것입니다.

대능하(大凌河)유역 진출과 후연의 복속

후연과의 전투는 고구려의 공세적 입장에서 시작되었으며, 王 11年에는 요하(遼河)를 넘어 멀리 후연의 도성 가까이에 있는 숙군성(宿軍城)을 공략하여 평주자사(平州刺史) 모용귀(慕容歸)를 패주시켰으며, 이어 연군(燕郡)을 공략하였습니다. 이로써, 고구려의 영토는 요하를 넘어 대능하(大凌河)유역까지 확장되었던 것으로 보입니다.

부여 및 연해주 정복

후연과의 공방전과 남진정복이 일단락 된 뒤인 '영락 20년에 대왕은 조공을 중단한 부여(夫餘)를 친정하였는데, 동부여가 아무 저항없이 왕의 덕화에 귀의하자 대왕은 그를 가상히 여겨 은택을 베풀었다.'고 합니다.

여기에서의 동부여는 국초의 동부여라기보다는 모용씨에 빼앗긴 북부여의 잔류세력이 이동하여 성립된 것으로 보는 것이 일반적이나, 그 위치에 대해서는 길림(吉林)일대로 보거나(중국학계), 영흥만일대로 보는 견해가 있지만 두만강에서 목단강유역에 이른 동부만주와 연해주 일대로 보는 것이 옳을 듯합니다.

2. 남진정복의 성격- 국부민안(國富民安)과 통일의지의 구현

고구려의 대외발전에 있어 대중국항쟁을 통한 요하선의 확보와 북방진출에 못지않게 중요한 정책 목표는 남진에 있었습니다. 이러한 남진정책은 이미 한군현의 세력을 반도에서 완전히 축출한 미천왕 때 부터 그 역사적 기반이 마련되지만 이때에 이르러 보다 구체적으로 실현되는 것입니다.

비문의 기사 중에서도 영락 6년에서 부터 17년에 걸쳐 가장 많은 비중을 차지하는 것이 백제에 대한 정토전과 신라에 대한 복속정책 및 이에 부수되는 왜에 대한 토벌전으로 표현되는 남진 정복기사입니다. 이러한 고구려의 남진정책은 실질적인 농경지의 확보에도 중요한 목적이 있었지만 보다 중요한 것은 민족사의 발전 과정에서 자연스러운 흐름인 동일 민족의식을 기반으로 한 통일의지의 실천적 구현이라는 점에 있습니다.

백제정복

영락 6년(396) ; "영락 6년에는 대왕이 몸소 수군을 이끌고 백제를 공격하여, 관미성, 아단성 등 58성과 700촌을 공파하고, 아리수(阿利水)를 건너 백제의 도성에 까지 육박하니 백제의 아신왕(阿莘王)이 영원히 신하가 되겠다는 맹세를 하고 항복하므로, 대왕이 은택을 베풀고 백제왕이 바친 생구(生口)와 인질을 받아 개선하였다."라고 합니다. 전쟁의 결과 고구려는 일시적이기는 하지만 백제와 예속적인 지배관계인 조공관계를 맺었습니다.

영락14년(404) ; 고구려가 후연과의 남방전선에 소홀해진 틈을 타 백제가 "영락14년 왜병을 앞세워 고구려의 대방에 침입하니, 대왕이 친히 친위병을 동원하여 이를 격파하고 무수한 왜구를 참살하였다."라고 합니다.

영락17년(407) ; "영락 17년에 대왕은 5만의 보기를 파견하여 (백제?)를 처서 결정적인 타격을 주었으며, 개선하는 길에 사구성 등 6개의 성을 공파, 획득하였다."라고 합니다.

신라구원과 복속

영락8년(398) ; '소규모 군사를 파견하여 국경지역의 백신토곡을 관찰하고, 이어서 인접한 국가의 가태라곡(加太羅谷)등에서 3백여 인의 민호(民戶)를 획득하는 한편, 이 후부터는 조공관계를 맺기로 하였다.'라고 합니다. 이로부터 신라는 고구려의 조공지배권에 편입된 것으로 생각됩니다.

영락9년(399) ; '영락9년에는 백제가 전일의 맹세를 어기고 왜와 화통하자, 이를 응징하기 위하여 대왕이 평양으로 남순(南巡)하였는데, 신라가 사신을 보내어 전일에 이미 대왕의 덕화에 귀의하여 신하가 되었음을 전제로 국경에 침구한 왜구를 격퇴하여 줄 것을 요청하였다.'고 합니다. 기사의 노객(奴客)을 해석하는 데 한국학계의 경우는 대체로 신라왕이 광개토대왕의 신하임을 나타내는 표현으로 보고 있습니다.

영락10년(400) ; 이를 명분으로 '영락10년에 왕은 5만의 보기를 파견하여 낙동강 유역에서 왜를 격퇴하고, 임나가라 및 안라를 복속시키는 한편 신라를 구원하였습니다. 그 결과 종래와는 달리 신라국왕이 직접 고구려에 조공하였다.'라고 합니다.

왜구토멸

대왕의 남진 정복 가운데 특기할 만 한 것은 왜의 등장이라 할 것으로 능비문의 왜 관계기사는 한일 양국에서 과민한 반응을 보이는 부분입니다. 그러나 변조와 결락문자가 잇는 신묘년 기사를 제외한다면 비문에 있어 고구려의 왜에 대한 토벌전은 오히려 그 성격이 명확합니다. 즉, 고구려의 남진에 있어 倭는 백제, 신라, 가라와는 달리 복속의 대상이 아니라 '추(追), 멸(滅)'의 대상이었다는 점을 본다면, 당시의 왜는 고정된 거점이 있었던 것이 아님이 분명합니다.

또한, 비문의 임나가라는 대가야의 원명으로 추정되며, 작전과정에서도 가라, 안라 등이 주이며, 왜는 종으로 나타납니다. 따라서 비문의 기사는 일본에서 주장하는 '임나일본부설'의 근거가 되기는커녕 오히려 이를 반증하는 자료라고 볼 수 있습니다.

이상에서 보는 바와 같이 능비의 기사는 주로 남진기사에 경도되어 있습니다. 주목되는 것은 고구려에 있어 주 정복대상은 백제와 신라 및 동부여였으며, 왜와 비려 등은 부수적인 대상으로 단지 토멸의 대상일 뿐이었다는 점입니다.

중원 고구려비의 '세세위원(世世爲願),여형여제(如兄如弟),상하상화(上下相和),수천(守天)'의 표현에서 보듯이 이는 당대 고구려에 있어 백제와 신라 및 동부여가 왜, 비려와는 성격이 다른 동일 세력권 내의 민족집단으로 인식되었음을 나타내는 것으로, 광개토대왕의 남진 정책은 단순히 구복(口腹)을 채우기 위한 침략전쟁이 아니라 민족사의 발전과정에서 자연스럽게 나타나는 최초의 통일의지의 표현이라 하여도 좋을 것입니다.

6. 군대행렬도에 보이는 고구려의 무기[1]

고구려 벽화 중에서 가장 웅장한 장면을 들라면, 대행렬도가 단연 으뜸이 될 것입니다. 첫눈에 보아도 사람을 압도하는 기운이 느껴지는 장엄한 모습입니다.

행렬도(84p 상단)는 높이 2m, 길이 6m에 이르는 대단한 규모인데, 등장인물 중 말을 탄 기병의 숫자만도 무려 250여 명에 달한다고 합니다. 이 수많은 인물들이 질서 정연하게 행진하는 모습은 그야말로 장관이 아닐 수 없습니다.

대행렬도 그림의 오른쪽 부분을 주목해 보면 행렬의 주인공으로 보이는 인물이 황소가 끄는 수레를 타고 위엄 있게 앉아 있습니다. 수레에 앉아 퍼레이드를 주도하는 인물이 고구려의 왕이 아니라 지금의 도지사 격인 유주자사 동수라는 인물이기에 더욱 놀랍습니다.

말을 탄 고급 장수의 숫자가 250명이면 현재 대한민국의 군대 편제상 사단 3개를 지휘하는 군단 규모로 생각할 수 있습니다. 그 앞쪽에는 커다란 깃발을 앞세운 군악대들이 풍악을 울리며 흥을 돋우고 있습니다.

군악대에는 요령을 들고 행진하는 4명의 여인 모습을 발견할 수 있습니다. 갖가지 무기를 든 병사들이 그 뒤를 따르며 수레를 호위하고 있습니다. 이중 삼중으로 주인공을 에워싼 이 병사들의 차림새를 살펴보면 매우 흥미롭습니다.

말을 탄 기병이 있는가 하면, 걸어서 행진하는 보병도 있습니다. 기병 중에는 온몸을 갑옷으로 무장한 개마 병사도 있고, 가볍게 무기만 든 경마 기병도 있습니다. 보병들의 모습은 더욱 제각각입니다.

갑옷과 방패로 무장한 채 창이나 칼을 든 병사가 있는 하면, 허리에 화살통을 메고 활을 든 궁수도 있습니다. 또 갑옷도 없이 어깨에 도끼를 걸머진 병사도 있습니다. 우렁찬 여성이 포함된 군악대의 음악에 발맞춰 걸어가는 군사들의 행진 소리가 그림 밖까지 들리는 듯 합니다.

이 대행렬도 그림을 통해 우리는 고구려의 막강한 군사력과 무장상태를 미루어 짐작해 볼 수 있습니다. 이 천하무적의 군대를 이끌고 고구려는 늠름한 기상으로 대륙을 누비며 영토를 넓혀 나갔을 것입니다[8].

---

8) 고문헌 장세현, 이용규『벽화 속에 살아있는 고구려 이야기』, 2005, 삼성출판사. (이 책은 고구려 고분벽화를 쉽게, 간단하게 설명한 최고의 책 중의 하나라고 생각합니다.)

안악3호분 군대행렬도 복원도 일부

안악3호분 군대행렬도

1 활, 창, 칼, 못 신 등 여러 가지 무기

고구려 시대의 전쟁 무기는 활과 화살, 창, 칼 등이었습니다. 창은 쓰임새에 따라 찌르는 날이 한 갈래, 두 갈래, 세 갈래인 것 등 여러 가지로 나눌 수 있습니다. 한쪽 날만 세운 도(刀)는 칼등이 뒤로 휘어져 베기에 적합한 데에 반해, 앞뒤로 날을 세운 검은 끝이 뾰족해 찌르는데 유용했습니다.

고구려인들이 많이 쓴 칼은 '환두대도' 였습니다. 손잡이 끝에 둥근 고리가 달려 있어 그런 이름이 붙었는데, 이것은 말을 타고 달리면서 적을 베는 데 주로 쓰였습니다. 그림 속의 무사가 들고 있는 칼이 바로 그것입니다.

무사는 쌍뿔 모양의 투구를 쓰고, 몸에는 비늘처럼 생긴 쇳조각을 촘촘히 덧댄 갑옷을 입고 있습니다. 발에는 바닥에 뾰족뾰족 못이 달려 있는 못 신을 신었는데, 이는 전투 도중 달려드는 적군을 말 위에서 내려칠 때 사용된 무기였답니다.

삼실총　　갑옷입고'환두대도' 찬 무사 복원도

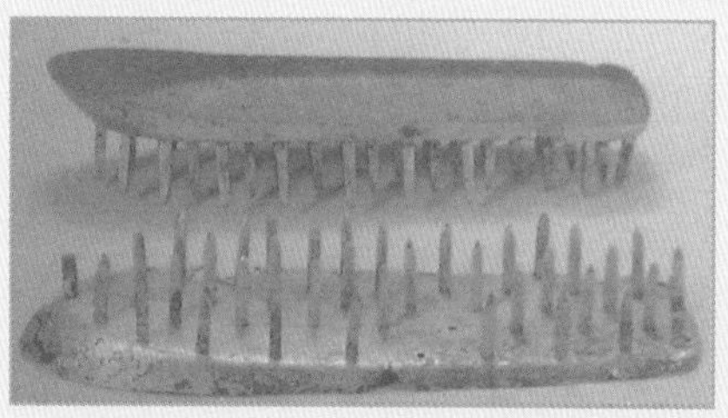

못신

머리에서 발끝까지 철저히 무장을 한 모습이 마치 군사들을 호령하는 장수 같습니다. 어떤 분에게 못신을 가리키면서 무슨 용도에 쓰이는 물건이냐고 여쭙자, "골프장 그린 위에서 신는 골프화가 아니냐고요...고구려 사람들도 골프를 쳤습니까?"라는 답이 돌아왔습니다.

안악 3호분은 황해남도 안악군에 위치한 고구려의 고분으로, 특히 대규모의 고분벽화가 그려져 있어 유명합니다. 안악 3호분은 많은 수수께끼를 지니고 있는데, 특히 고분의 피장자가 고구려의 왕(미천왕 혹은 고국원왕)이냐, 혹은 전연 출신의 사람으로 고구려에 망명했던 동수인가 하는 문제는 아직 논란이 남아 있습니다.

어찌 되었든 간에 안악 3호분에 그려진 벽화의 백미는 바로 가로폭 6m 세로 2m에 달하는 군대행렬도라고 할 수 있는데, 이 행렬도는 현대 일부 전체주의국가에서 자신들의 화려한 무기와 늠름한 군사력을 만방에 과시하는 퍼레이드를 방불케 합니다. 다른 점은 지도자(피장자)가 수레에 타고 군사들과 대규모 행렬을 이루고 있다는 점입니다. 따라서 이 그림을 통해 당대 고구려군의 구성과 무기에 대하여 추측할 수 있습니다.

2 철갑기병(鐵甲騎兵)

여기서 말하는 '철갑기병'이란 곧 중무장 기병을 뜻하는데 일반인에게는 흔히 '개마(鎧馬)무사'라는 용어로 알려져 있습니다. 말위에 타고 있는 병사는 여러 병과 중에서도 가장 신분이 높았던 병과로 보는 학자도 있지만, 필자는 고구려 전쟁 전략 중'청야전술과 이 개마군사의 돌격전술이 중원의 강력한 군대를 무찌를 수 있었던 것이 아닌가?'라는 생각이 들어 높은 계급이기보다는 기마능력과 창술능력이 출중한 부대원으로 추정합니다.

당시 전투에서 전진하려면 대오를 정리하고 진(陣)을 구성해야합니다. 수만의 병사가 진을 짜기 위해 준비하는 과정에 개마군사 100여명이 횡대로 늘어서서 삭이라는 18자의 긴 창을 가로로 들고 맹렬한 속도로 달려가 적진을 혼란으로 몰아가는 전술을 상상할 수 있습니다.

채 준비를 하지 못한 적진은 아비귀환의 수라장으로 바뀔 수 있습니다. 야구에서 보듯이 Hit & Run(치고 도망치는)으로 적군의 출발을 지연시킬 수 있습니다. 무엇보다도 중요한 것은 다시 전열을 가다듬기 위해서는 식량을 소모할 수밖에 없다는 것입니다. 청야전술로 식량의 현지조달이 어려운 데, 운반해온 식량이 예상치 못하게 소비가 되면 싸움 걱정보다는 굶을 걱정이 앞서게 되어 군사들이 사기면에서 위축될 것이 확실합니다.

철갑기병 상상도/ 상단의 한시는 을지문덕이 수나라 우중문에게 보낸 한시(漢詩)

투구와 목가리개, 전신을 촘촘히 감싼 찰갑, 긴 창 등으로 무장하고 있으며, 타고 있는 군마까지도 마갑으로 몸을 감싸고 있습니다. 이들은 막강한 돌진력과 방어력을 바탕으로 하여 전투 시에 적의 주력 부대에 타격을 입히고 전선을 돌파하며 대오를 무너뜨리는 중요한 역할을 수행하였습니다. 이들은 곧 오늘날의 기갑 부대나 전차 부대에 비견될 만합니다. 견고하게 무장한 중기병들의 돌진은 보병들에 대해 특히 막강한 충격을 줄 수 있으며, 특히 평원에서의 싸움에서는 배의 위력을 발휘합니다.《삼국사기》에서는 고구려 동천왕이 위나라 장수인 관구검이 침략해왔을 때 철기(鐵騎)를 이끌고 나가 양맥곡에서 싸웠다고 하였는데, 기록상으로는 처음으로 고구려 철기병이 등장합니다.

3 경기병(輕騎兵)

경기병은 철갑기병과는 달리 가벼운 무장을 한 기병들로, 우수한 기동력을 바탕으로 치고 빠지는 게릴라 전술이나 날렵한 기습 공격 작전을 전개하여 적군의 전력을 약화시키는 역할을 하였습니다.

경기병

위 그림에서 경기병들은 갑옷조차 입지 않았고, 창으로 무장한 듯한 모습을 하고 있습니다. 실제로 이들이 갑옷을 입고 다녔을지는 확실하지 않은데, 경기병들은 기동력과 지구력이 곧 생명이었기에 대개가 무장을 가볍게 하고 다닌 까닭입니다. 한편 이들의 주 무장은 창이나 칼과 같은 근접 병기도 있었지만, 특히 활의 비중이 컸을 것입니다.

<삼국지> 위지 동이전[9]의 예(濊)전에는 동예에서 과하마(果下馬), 즉 과일 나무 아래로 지나갈 수 있을 정도로 키가 작은 말이 나온다고 하였으며, 고구려전에서는 고구려의 말들이 대개 체구가 작아 산을 오르기에 편다고 하였습니다.

이처럼 고구려의 경기병은 고구려나 동예에서 나는 작고 날쌘 말을 타고 험한 산악 지형에서도 기동력을 발휘했던 것 같습니다. 특히 예로부터 숙신이나 말갈, 돌궐 등을 비롯한 북방 유목민족과 충돌해 왔던 고구려는 유목 민족에 대항하기 위해서라도 잘 훈련된 경기병들의 기동력을 활용해야 했을 것입니다. 날렵하게 말을 달리며 활을 쏠 수 있는 기마궁수들은 번개 같은 기습 공격을 가해 적의 대열을 와해시키는 데 있어 상당히 유용했을 것입니다. 당시 기마궁수들은

9) 총 65권으로 이루어져 있으며, 위서(魏書) 30권, 촉서(蜀書) 15권, 오서(吳書) 20권으로 구성돼 있다. 본래의 표제는 위지(魏志), 촉지(蜀志), 오지(吳志)인데, 송나라 이후 위서, 촉서, 오서라는 표제를 더 많이 사용하고 있다. 삼국지는 '사기', '한서'의 체계를 따라 기전체(紀傳體)로 구성되어 있으나, 앞의 두 책과는 달리 연표를 담은 표(表)나 당시의 경제 · 문화를 기록한 지(志 혹은 書)가 없다

달리는 말 위에서도 화살을 날려 적을 공격할 수 있을 정도로 숙달된 전사들이었습니다. 이는 고구려의 여러 고분 벽화에 나타나는 <수렵도>를 통해 알 수 있습니다. 이와 같이 가벼운 무장을 갖춘 경기병들은 점차 동아시아의 전장을 지배하게 되었습니다. 특히 7세기에 이르러 중국의 당나라에서 돌궐을 비롯한 유목민족에 맞서기 위해 경기병을 운용하거나 혹은 유목민족들을 고용하여 경기병 부대로 활용하게 되면서 이러한 추세는 강해졌습니다.

당나라 태종이 고구려를 침략했을 당시에도 잘 훈련된 보병과 돌궐 출신의 우수한 경기병으로 구성되어 있었던 당군은 뛰어난 기동력과 조직력을 발휘하여 고구려군을 압도하였습니다.

특히 당군이 주필산에서 고연수 등이 지휘하는 대략 15만에 달하는 고구려- 말갈 연합군을 격파하여 대승을 거두었던 사실은(비록 중국인이 서술한 구당서[10]에 보이는 내용이지만) 이러한 사실을 잘 보여줍니다.

---

10) 구당서(舊唐書)는 당나라(唐)의 정사(正史)로 이십사사(二十四史) 가운데 하나이다. 940년에 편찬을 시작해 945년에 완성되었다.
당 고조의 건국부터 나라가 멸망까지에 21명의 황제(皇帝)가 통치한 290년 동안의 당나라 역사의 기록으로 5대 후진(後晉)의 유후(劉昫)가 일을 총괄하고 장소원 · 가위 · 조희 등이 편찬하고 조영이 감수하였다.
당나라 멸망 직후의 사료 부족으로 후반부는 부실하고 전반부도 선행의 여러 사료에서 발췌한 것이기 때문에 일관성이 부족하나 당대 원사료의 문장이 그대로 남아 있어 사료적 가치가 있다. 처음에는 『당서』라고 했으나, 송대(宋代)에 『당서』를 다시 편찬하였기 때문에 『구당서』라 부르게 되었다 –출처 ; 구글 위키백과

4 창수

행렬도에 묘사된 창수들은 긴 창으로 무장하고 있으며, 볼 가리개와 털 장식이 달린 종장판주 형식의 투구를 쓰고 있습니다. 또한 찰갑 갑옷 및 다양한 형태의 방패로 몸을 보호하고 있습니다.

안악3호분 군대행렬도 일부 창수 복원도 사진

창과 방패로 무장한 창병들은 고구려 군대의 중추를 이루는 주력 병과이자 중추적 존재들이었습니다. 이들은 대형을 짜고 방패를 이용해 적의 공격을 방어하면서 긴 창으로 서서히 적군의 숨통을 조여 갔습니다. 중기병이 돌진하여 적의 대오를 무너뜨리고, 날쌘 경기병들이 기습공격을 하여 적의 혼란을 가중시키면 마침내 창병들이 나아가 보병전을 개시하였습니다.

방패를 앞세워 대오를 이룬 창병들의 전진은 궁수들의 공격으로도 막기 버거웠습니다. 창은 칼에 비하여 제작하기도 쉽고 숙련도가 낮

더라도 사용하기에 보다 편리하여 활과 함께 주된 무기로 쓰였지요.. 다만 산지가 많은 지형에서 벌어지는 산악전이나 성문을 부수고 성벽을 기어 올라가며 싸워야 하는 공성전에서는 긴 창보다는 짧은 창이나 칼이 보다 애용되었을 것으로 생각됩니다.

<삼국지> 위지 동이전의 동 옥저전에는 '옥저인들이 창을 잘 다루며 보전(步戰)에 능하다'고 하였습니다. 또한 예전에서는 예인들이 때때로 길이가 3장(丈), 즉 9m에 이르는 긴 창을 만들어 여러 사람이 한 창을 함께 잡고 쓰기도 하며, 역시 보전(步戰)에 능숙하였다고 하였습니다. 함경도에 위치한 옥저나 강원도에 위치한 동예 등은 훗날 모두 고구려의 영토가 되었으므로, 고구려인들 또한 창을 이용한 보병전에 능했을 것임을 가히 짐작할 수 있습니다.

5 환도수

환도수

행렬도에 묘사된 환도수들은 환두대도로 무장하고 있습니다. 환두대도는 곧 손잡이 끝부분이 둥그런 고리 모양으로 되어 있는 '고리자루칼'을 이르는 말인데, 고대 한국의 칼들은 대개 이런 형태를 띠고 있습니다. 무령왕릉에서 발굴된 무령왕의 칼 역시 환두대도의 형태를 지니고 있습니다. 이는 조선시대의 외날도(刀)를 이르는 환도라는 용어와 구분됩니다.

환도수들이 지니고 있는 환두대도는 대오를 이룬 싸움에서는 길이가 긴 창에 비해 불리하나, 보병들이 뒤섞여 싸우는 난전이나 혹은 지형이당 비좁고 험한 곳에서 이루어지는 산악전, 공성전 등에서는 특히 기마병들에게는 창 못지않은 효율을 발휘하였을 것입니다.

벽화을 통해 볼 때, 이들은 방패와 찰갑으로 무장하기는 하였으나 창병들에 비하면 그 차림새가 간편해 보이며, 투구를 쓰지 않았고 대신에 고구려인들이 쓰던 모자의 일종인 책(責)을 쓰고 있습니다. 이를 통해 볼 때 이들은 의장용 병력이거나 혹은 창병들보다는 낮은 신분의 병사들로 보입니다.

한편 예로부터 칼이나 검은 위엄을 상징하는 무기로써 의장용 무기의 성격도 띄고 있었습니다. 따라서 고귀한 신분의 왕족이나 귀족들도 대개 이런 칼을 차고 다녔을 것입니다. 행렬도에서 귀족을 호위하는 병사들이 이런 무기를 착용하고 있었던 것도 비록 실전적인 용도 또한 있었겠으나, 아마 이런 의장용 무기라는 까닭일 것으로 추정됩니다.

6 궁수

활로 무장한 궁수들은 원거리에서 적을 살상하거나 적의 대호를 흩뜨릴 수 있는 능력을 지니고 있어 상당히 중요한 병과 중 하나였습니다. 본래 산지 지형이 많은 한국에서는 전통적으로 방어에 유리한 산성을 중심으로 전투가 전개되었기에 궁수의 중요성은 더욱 컸습니다.

특히 고구려에서는 활 쏘는 것을 굉장히 중요시하였습니다. <삼국사기> 등에 남아있는 주몽 관련 설화 등 여러 기록으로 유추해 볼 때 고구려인들은 활 쏘는 것을 지도자와 전사의 자질로써 매우 중시하였음을 알 수 있습니다. 때문에 당시 나라와 군대를 이끌었던 왕족 및 귀족들에게 있어 활솜씨는 거의 필수조건이었을 듯합니다.

<삼국지> 위지 고구려전의 기록을 보면 고구려에 속한 소수맥(小水貊)이 사는 땅에서 맥궁(貊弓)이라는 좋은 활이 생산된다고 한 바 있으며, 예(濊)전의 기록을 보면 예 땅에서는 단궁(短弓)이라는 활이 생산된다고 하였습니다. 동예는 오늘날의 강원도 지방에 위치하고 있다가 고구려의 땅이 된 바, 단궁 또한 맥궁과 함께 고구려에서 사용된 것으로 추측됩니다.

안악3호분 군대행렬도 일부 궁수, 부월수 복원도 사진

궁수

7 부월수

행렬도에 묘사된 부월수들은 도끼로 무장한 보병들인데, 그 무장이 라고는 달랑 도끼에 붉은 책(幘) 만을 쓰고 있을 뿐 갑옷과 방패같

은 방어 장구는 전혀 갖추고 있지 못하고 있습니다. 때문에 이들은 갑옷을 갖춰 입은 창수, 환도수, 궁수 등에 비해서 낮은 하급 계층일 것으로 여겨집니다.

본래 도끼는 고대로부터 애용되던 무기 중 하나로, 창이나 칼에 비해 비교적 만들기도 쉽고 사용하기도 어렵지 않았습니다. 특히 전시에 징집되어 온 농민들도 평소 자주 사용했을 도끼를 이용한 전투법에는 쉽게 숙달되었습니다. 또한 도끼는 보병들 간에 뒤엉켜 싸우는 난전, 공성전, 산악전 중에는 칼과 마찬가지로, 창 못지않은 효율성을 발휘하는 무기였습니다.

부월수

간단히 말해 도끼는 대개가 농민으로써 전투를 모르고 살다가 징집병으로 전투에 참여하게 된 병사들이 주로 쓰던 무기였을 것입니다. 부월수의 무장이 유난히 빈약한 것도 이들이 대개 하층민 출신으로 징집되어 제대로 된 무기를 지니고 있지 못했기 때문이었을 가능성이 큽니다.

그래도 벽화에 그려진 부월수의 무장은 너무나 단출한 면이 없잖아 있는데, 어쩌면 단순한 의장용이나 의례용일지도 모르겠습니다. 도끼는 예로부터 동서양을 막론하고 왕실과 귀족가문의 권위를 상징하였기 때문입니다.
아마도 고대의 군주들이 장군들에게 군 지휘권을 부여하면서 함께 부월을 하사하였던 것도 이와 같은 이치에서 비롯되었을 것으로 사료됩니다.

7. 삼실총 개마군사 훈련도

다음에 제시하는 그림은 당시 성곽을 둘러싸고 벌어진 전투를 생생하게 보여 주는 벽화입니다. 그림을 보면, 지그재그로 만들어진 성곽이 있는데, 군데군데 망루와 높다란 대문이 있습니다. 성곽 중간쯤에 보이는 2층으로 된 망루가 특히 눈길을 끌고 있습니다.

현재 남아 있는 사진으로 고구려의 성곽과 완전히 일치하는 모습입니다. 당시에 이것을 사진으로 찍었다면 훨씬 화려하고 멋진 풍경이었을 것입니다.

고구려의 성은 중국과 달랐습니다. 중국의 성들이 대부분 평지에 있었던 반면 고구려는 평지 도성과 산성이 짝을 이루었습니다. 험한 산악이 많은 지형적 특성을 이용하여, 평소에는 평지 도성에서 생활합니다가 외적이 침입하면 산성으로 옮겨 싸웠던 것입니다.

당시 성은 행정의 중심지이자 외적의 침략을 막아 내는 요새였기 때문에 이를 둘러싸고 피 튀기는 싸움을 벌인 건 당연했습니다.

성곽을 중심으로 한 치열한 쟁탈전

그림 우측 끝에 몸을 웅크린 채 넘어져 있는 사람이 보이는데, 아마도 전투 중에 죽거나 부상을 당한 모양입니다. 서로 성을 차지하기 위해 이렇듯 삶과 죽음을 가르는 격렬한 싸움을 벌일 수밖에 없었던 것입니다.

그 옛날 두 나라 군대가 평지에서 벌인 실제의 전투 상황을 그려보면 대략 이렇습니다. 맨 앞에는 전투 능력이 탁월한 철갑 기병(개마기병이라고도 합니다)이 섭니다.
철갑 기병은 사람뿐 아니라 말까지도 투구와 갑옷으로 완전히 무장한 까닭에, 화살이 비 오듯 쏟아져도 끄떡없이 전쟁터를 헤집고 다닐 수 있습니다. 그 뒤로 가볍게 무장한 경마 기병이 서고, 다음으로 창, 칼, 도끼, 활을 든 보병이 뒤를 따릅니다.

삼실총 개마군사 훈련도'장수끼리의 한판 승부'

전투가 시작되면 궁수가 활을 쏘고, 철갑 기병이 적군의 옆구리를 들이칩니다. 그 사이 몸놀림이 가벼운 경마 기병이 뒤쪽으로 돌아가 공격을 하고, 보병이 육박전을 벌이는 것입니다. 그러나 때로는 군사들의 희생이 많은 총력전 대신에, 우두머리 장수끼리 승부를 겨루기도 했습니다.

그림을 보면, 두 장수의 싸움이 실감나게 그려져 있습니다. 한 장수가 꼬리를 빼며 도망치자, 이 틈을 놓칠 새라 다른 장수가 뒤에서 공격하고 있습니다. 패한 장수가 다소 겁먹은 표정으로 힐끗 뒤를 돌아보는 가운데, 뒤의 장수가 삭(槊)이라고 불리는 길이 12자(3.6 m)의 긴 창을 휘둘러 마지막 일격을 가하려는 순간입니다. '이얍!' 하는 기합과 함께 곧 창날이 허공을 가를 듯한 분위기입니다. 고구려 장수들의 용맹한 모습을 떠올릴 수 있는 전투 장면입니다.

8. 덕흥리 고분 벽화 마사희도

황해도 덕흥리 고분 안 칸 서벽에 보이는 마사희도(馬射戱圖)를 소개합니다.

말을 달리며 활을 쏘아 상대를 명중시키는 마상궁술(馬上弓術)의 훈련장면입니다. 말을 타고 활을 쏘아 5개의 과녁을 떨어뜨리는 모습입니다. 벽화에는 서쪽 뜰 '서원(西園)'에서 벌이는 '마사희(馬射戱)'라고 쓰여 있습니다.
5개의 네모진 과녁이 나무 기둥 위로 30보 간격으로 설치돼 있고. 오른쪽 2개의 과녁은 화살에 맞아 이미 떨어져 있습니다. 그 위로는 두 명의 심판과 점수를 기록하는 사람이 서 있고, 붓을 든 기록인 앞에 '사희부기인(射戱簿記人)'이라고 써 놓았습니다. 인물들은 모두 바지저고리 차림으로 머리에 흑건(黑巾)을 둘러맸습니다.

이 마사희도를 통하여 고구려의 전투력은 물론 국력이 어마어마하였음을 알려드리고자 합니다.
"조선시대 사대부들은 모이면 주로 어떤 일을 하였을까요?"
그렇습니다. 시회(詩會)를 열었습니다. 요즘 말하면 인문학을 중심으로 함양된 고상한 모임입니다. 한 쪽에서 운을 띄우면 상대는 운에 맞추어 오언절귀나 칠언절귀로 중국의 고사나 명문장을 차용하여 멋진 시를 지어 응답합니다. 좌중은 칭찬과 놀라움으로 술렁이고, 시를 지은 선비는 겸손의 말과 더불어 술잔을 들어 좌중의 칭찬에 응답합니다. 낭만적이고 고상함이 넘치는 광경입니다. 그렇지만 이러한 사회지도층의 모습은 왜란과 호란으로 무능력함을 여지없이 들어냈습니다. 사실 조선시대 사대부들은 대체로 문약했습니다.

그러나 고구려의 대가들의 놀이는 달랐습니다.
"우리 오래 만에 모였으니 실력 한번 겨누어 볼까? 사실 숲 속에 들어가 사냥으로 결판을 내야지만 오늘은 이 뜰에서 겨루어 봅시다!"

말을 달리면서 움직이는 과녁을 맞추는 것이 실력을 겨루는 가장 좋은 방법이지만 숲 속으로 사냥 행차하려면 많은 준비가 필요하고, 경비도 만만치 않으니 대가집에는 넓은 정원에 모의 나무 과녁을 만들어 놓고 자신들의 활솜씨를 연습을 하기도 하고 서로 내기도 하였습니다.

생각해 보십시오, 5개의 화살을 갖고 자신의 말에 올라 힘차게 출발하여 지금으로 치면 30보 간격으로 세워진 과녁을 명중시키는 마사희가 쉬운 일입니까? 필자는 승마를 배우겠다고 제천의 승마장에 여러 번 갔었으나 소질이 부족한지 아직도 말고삐를 잡고 말에서 떨어지지 않으려는 수준에 머물고 있습니다.

덕흥리 고분 벽화 마사희 복원도

그런데 고구려 귀족이나 자제들은 자유자재로 말을 탈 수 있는 능력을 보유하고 있었습니다. 거기에다가 달리는 승마자세에서 화살을 매기고 시위를 당겨 과녁을 맞추는 노력을 쉼 없이 하고 있습니다. 첫 번째나 두 번째 과녁은 그렇다손 치더라도 과녁이 가까워진 세 번째 네 번째 과녁은 어떻게 명중시키고, 이미 과녁을 지나간 다섯 번 째 목표는 몸을 비틀어 말이 달리는 방향의 반대쪽으로 화살을 쏘아야합니다. 그것도 과녁을 맞춰야 점수가 올라갑니다.

몸을 비틀어 말이 달리는 역방향으로 화살을 쏘는 어려운 기술을 우리나라에서는 배사법(背射法)이라 칭하는데, 등 뒤쪽으로 쏘기에 이런 말이 나왔습니다. 이것을 서양에선 파르티안사법(Parthian Shot)이라 합니다.

마사희는 주로 왕자들이나 막리지 자제들에겐 그들의 능력을 다른 귀족들에게 보여주는 좋은 기회입니다. 세습제 군주국가에서 태자로 지명된 왕자가 과녁 5개를 맞추지 못한다면..., 막리지의 지위를 물려받는 막리지의 아들이 5번째 과녁을 못 맞추고 낙마한다면 다음 날부터 요즘의 SNS나 조정에서의 빈정거림에 시달려야 합니다.

덕흥리 고분 벽화 마사희

고구려 고위직 인사들은 자신의 기량을 부단히 연마할 수밖에 없는 시스템 속에서 생활했습니다. 능력 위주의 사회상을 보여주는 마사희도에서 당시 세계 최대의 인구를 갖고 있었고, 강력한 리더십을 보유했던 중원의 통일 강국 수나라나 당나라와 겨뤄 한 치도 물러서지 않았던 고구려의 강력한 국력의 배경을 엿볼 수 있습니다.
단양 온달관에는 마사희 그림을 잘 복원해 놓아 그 곳을 찾는 관광객들에게 웅비하는 고구려인의 모습을 일깨워 주고 있습니다.

9. 무용총 수렵도

고구려의 시조인 주몽이 부여로부터 탈출하여 나라를 세웠습니다. 이때까지만 해도 고구려는 힘이 약한 조그만 나라에 불과했습니다. 그러나 시간이 지나면서 조금씩 땅을 넓혀 간 고구려는 거대한 중국에 맞설 만큼 강성한 나라로 발전했습니다. 그리고 스스로 힘을 키워 그 땅을 지키는 데 온 힘을 기울였습니다.

말 타기, 활쏘기, 창 쓰기 등을 익히고, 씨름이나 수박(태껸)을 통해 늘 심신을 단련한 덕분에 전쟁터에서도 물러섬이 없이 용감하게 싸울 수 있었던 것입니다. 고구려인들이 말을 타고 활을 쏘는 모습은 벽화 속에 고스란히 남아 이 사실을 증명해 주고 있습니다.

예전에 회사 이름이 '5세기 고구려'라는 택배회사가 10여 년 전에 서울에 있었는데 아직도 건재한 지 궁금합니다. 고구려는 최고의 전성기였던 5세기는 의미가 있는 시대로, 광개토대왕과 장수왕 때 서쪽으로 요동전체 아니 요서지방까지, 북쪽으로 시베리아의 연해주 지방과 북만주 일대까지 차지했던 대제국을 이룬 때었습니다.

한반도의 고구려 땅까지 합하면 거의 40만 ㎢에 달하는 넓은 영토를 보유하였던 고구려는 넓은 영토를 운영하는 능력과 일당백의 군사력을 바탕으로 을지문덕 장군은 중국을 통일한 수나라의 대군을 살수에서 통쾌하게 물리쳤습니다.

뿐만 아니라 당나라가 침입해 왔을 때도 안시성 전투에서 보기 좋게 콧대를 꺾어 놓았습니다. 이 전투에서 중국 역사상 가장 위대했던 불세출의 영웅으로 추앙받는 당나라 황제 이세민은 양만춘 장군이 쏜 화살에 맞아 애꾸눈이 되는 수모를 당하고 돌아갔다고 하는 전설 같은 이야기가 전래되고 있습니다.

그렇다면, 만주에서 비롯된 작은 나라가 이렇듯 강대국으로 우뚝 설 수 있었던 까닭은 무엇일까요? 고구려는 나라를 세울 때부터 멸망할 때까지 북방의 여러 민족들과 끊임없는 싸움을 되풀이했습니다. 특히, 중국과의 싸움은 피할 수 없는 운명이었습니다. 당시 중국을 지배하던 한나라는 단군이 세운 고조선을 멸망시키고, 그 지역에 한사군을 세웠습니다.

고구려는 건국 초기부터 한사군과 끝없는 싸움을 해야 했고, 싸움에서 승리하기 위해서는 훈련이 잘된 군대와 동원능력이 필요했습니다. 고구려인들은 생활 속에서 씨름이나 수박(태껸) 같은 무예를 연마하고 사냥을 하면서 말 타기와 활쏘기를 익혔습니다.

도회지는 물론 시골에도 중심지에는 청소년들이 무술과 학업을 연마할 수 있는 경당(扃堂)이 존재했다고 역사서에는 기록되어 있습니다. 이렇듯 평소 강하게 전투력을 높인 덕분에 적을 만나면 용맹하게 물리칠 수 있었던 것입니다.

무용총 수렵 복원도 사진

예로부터 고구려인들은 활 솜씨가 뛰어났던 것으로 유명합니다. 아마도 그들의 시조인 동명성왕의 핏줄을 타고난 후손이기 때문일 것입니다. 잘 알다시피 동명왕의 이름은 주몽입니다. '주몽' 은 당시 활을 잘 쏘는 사람에게 붙이는 별명이었습니다.

주몽의 아들인 유리왕도 아버지 못지않은 활 솜씨를 지녔습니다. 어느 날 활을 가지고 놀다가 실수로 지나가던 아낙의 물동이를 쏘아 구멍을 내었는데, 다시 화살을 날려 구멍을 막으니 물이 새지 않았다고 합니다.

무용총 수렵도 부분

그림을 보면, 말을 탄 인물이 옆구리에 화살을 낀 채 한 손에 멋들어지게 휘어진 활을 들고 있습니다. 고구려에는 '맥궁' 이라는 이름난 활이 있었는데, 이것은 짧으면서도 탄력이 매우 좋아 화살을 멀리까지 날릴 수 있었습니다. 기마 인물이 든 활이 바로 맥궁입니다. 앞서 본 수렵도에서 무사가 몸을 뒤로 젖힌 채 활을 쏘는 장면이 있는데, 달리는 말 위에서 이런 자세를 취한다는 것은 여간 어려운 일이 아닙니다. 하지만 맥궁은 활의 몸체가 짧아 몸을 자유자재로 움직일 수 있었기 때문에 이런 자세가 가능했던 것입니다.

자, 지금 보시는 사슴을 향하여 화살을 쏘는 무사의 화살촉이 여느 화살처럼 뾰족하지가 않습니다. 이것은 소리 나는 화살이라고 불리는 명적입니다. 화살 끝이 뭉뚝하여 사슴의 목덜미를 명중시키더라도 치명상을 주진 못할 것입니다. 그렇습니다. 수사슴을 산채로 잡기 위하여 사슴의 귓전을 스치면서 요란한 소리를 내어 사슴이 놀래 한쪽으로 도망시켜 목책이나 그물로 사슴을 산 채로 잡기 위한 의도적 행동입니다.

고구려에서는 천신에게 제사지낼 때 자연을 닮은 동물인 살아있는 수사슴을 제물로 받쳤답니다. 수사슴의 뿔은, 식물들이 새 봄에 새싹이 돋듯이, 새롭게 나기 시작하여 가을이 되면 낙엽 지듯이 뿔이 떨어집니다. 이렇게 자연의 이치를 보여주는 수사슴이 제단의 희생물로 이용된 것입니다.

밑에 보이는 호랑이 사냥에도 명적을 사용하고 있습니다. 호랑이 가죽은 백수의 왕답게 너무 질기기에 웬만한 화살로서는 뚫기가 어려워서 사슴 사냥 시처럼 몰아서 잡기 위해 사냥개나 몰이꾼들과 함께 호랑이를 한곳으로 몰아 그물로 잡았답니다.

그런데 사슴에게 화살을 날리는 사법(射法) 역시 앞에서 말씀드렸던 활쏘기의 으뜸 기술인 배사법(背射法)을 활용하고 있습니다. 배사법은 말 타기에 거의 1만 시간을 투자해야 완성될 수 있는 고도의 기술이기에 매일 1시간씩 말을 탄다고 가정하면 27년 이상을 말안장 위에 있어야하는 시간과 각고의 노력을 들인 산물인 것입니다.

이곳 단양 온달전시관을 방문하는 아동들에게 이 그림을 통하여 전문가가 되기 위해서는 20년의 시간투자가 필요하다는 점을 강조합니다. 장래 전문의나 자연과학 분야 등의 전문가를 목표로 하고 있는 젊은이들에게 매우 귀감이 되는 변화라고 생각됩니다.

단양 여행

어린이들에게 온달전시관을 다음과 같이 시작합니다

광개토대왕이 중국 사람이라고 우기는 나라가 있습니다.
더 나아가서 중국의 100만 대군을 물리친 을지문덕 장군도 중국 군인이라고도 주장합니다. 당연히 우리나라 왕이고 우리나라 장수 아닙니까? 그런데도 자기네 나라라고 우기는 사람들이 있습니다.
어느 나라일까요? 그렇지요
중국 사람들이 그런 말을 하고 있습니다. 왜 억지를 부릴까요?
자! 경치 좋고 사람살기 좋은 단양에 있는 온달관광지를 오시면 그 의문이 풀리고 정답을 얻게 됩니다.
단양의 온달관광지를 찾아오시면 우리나라 역사-
특히 우리나라 역사상 가장 용맹스러웠던 고구려의 역사에 관한 네 가지 사실을 알게 됩니다.
첫 번째로 고구려의 넓은 영토가 북쪽은 어디까지... 동쪽은 어디... 서쪽은... 그리고 남쪽 국경은 어디까지였나를 살펴볼 수 있습니다
두 번째로 중국의 수나라, 당나라 - 두 나라는 그 당시 세상에서 가장 큰 나라였지요 - 와 싸워 절대 물러서지 않았던 고구려의 지혜로운 왕과 용맹스러웠던 장군들의 전술전략이 무엇 무엇이었는지..
세 번째로 온달장군과 평강공주의 역사적 기록이 보여주는 고구려 사람들의 드높은 정신과 세상을 살아가는 좋은 방식을 설명들을 수 있습니다.
네 번째로 고구려 사람들은 어떤 집에서, 무슨 옷을 입었으며, 음식은 무엇을 먹었는지, 여러분 현재 우리가 무엇 하는 걸 좋아하지요 네 우리가 게임에 열중하듯이 고구려 사람들이 어떤 놀이를 즐겼는지를 속속들이 알게 됩니다.
양념으로 온달장군이 얼마나 힘이 센 지를 알 수 있는 바위에 꾹꾹눌러 만든 윷판바위를 볼 수 있는 행운도 있습니다.

윷판바위

또한 고구려의 상징물인 삼족오를 지금도 볼 수 있는 방법도 가르쳐드립니다. 단양으로 빨리 오세요. 기운이 펄펄 납니다. 에너지가 넘쳐납니다.

고구려 삼족오 복원도

PART 3.

고구려의 풍요로운 문화생활

10. 고구려의 풍요로운 문화

-고분 벽화 속에서 증명되는 찬란한 고구려 문화

1 고구려의 천문 관측 수준

한국은행에서 현재 발행하고 있는 1만 원 권 지폐의 뒷면에는 조선 시대 초기 음각된 천상열차분야지도가 등장합니다. 1,467개의 별과 293개의 다양한 별자리가 흑요석에 정교하게 표시되어 있습니다.

고구려는 중국의 만리장성 위쪽으로 펼쳐진 '초원의 길'을 통해 중앙아시아 국가들과 많은 교류를 한 것으로 파악되어집니다.[11)]
또한 고구려 고분 벽화에 등장하는 많은 인물들이 코리언이라기엔 코가 약간 높고 눈이 움푹 들어간 이국적 모습이 자주 보입니다.

이들 인물들은 현재의 우즈벡이나 키르기스탄인들의 모습입니다.
그들은 만리장성 아래쪽에 있는 '실크로드'가 아닌 스텝지대나 사막을 통해 고구려와 교류를 했을 것으로 사료됩니다. 바다나 사막이

11) 노태돈, 『고구려사 연구』, 사계절, 1999, p541

많은 고대 국가들에서 볼 수 있는 특징 중의 하나가 수학이나 천문학의 발달입니다. 널따란 대양이나 지평선만 보이는 사막에서 그들이 가고자 하는 목적지를 찾아가기 위해 하늘의 별을 보았고 그 별들의 운행을 관찰하여 동서남북의 방위를 찾을 수 있습니다.

천상열차분야지도의 발문, 권근선생이 쓴 내용입니다.[12)]

『이 천문도의 석각본이 오래 전에 평양성에 있었으나, 전쟁으로 인하여 대동강에 빠뜨려 잃어버린 지 오래되어 그 탁본조차 남아있지 않았다. 그런데 우리 전하께서 나라를 세우신 지 얼마 안 되어 탁본 하나를 바치는 자가 있어 이를 매우 귀하게 여겨 관상감으로 하여금 천문도를 돌에 새기도록 명하였다.』

현대의 일부 몰지각한 학자들과는 달리 조선의 유생들은 출전이나 출처를 명확하게 밝히는 정의로운 학자들이었습니다.

'천상열차분야지도'는 후대에 이르러 서운관의 류방택이 수정한 것으로 알려져 있습니다.

---

12) 이종호, 『한국7대 불가사의』, 역사의 아침, 2007, p42

만원권 지폐 후면 사진

천상열차분야지도

세계 유네스코 문화유산 중의 하나인 덕흥리 고분 천정 벽화에 직녀도가 있습니다. 좌측에 견우성 가운데 은하수 우측에 직녀성이 의인화되어 있는 벽화 모사도를 볼 수 있습니다.

덕흥리고분 견우직녀 모사도 사진

우리들은 현재 밤하늘의 북극성을 보고 방향을 잡을 수 있습니다. 북극성은 시력이 0.6 이하인 사람들은 잘 볼 수 없습니다. 먼저 북두칠성을 찾아야 겨우 위치를 파악할 수 있습니다.

지금부터 1,500년전 호수를 건너고 사막을 지나던 북방 및 서역인들은 여름철에 밝게 빛나는 직녀성과 견우성을 바라보면서 기회의 땅 고구려로 향했을지도 모릅니다.

고분벽화에는 삼족오와 두꺼비그림이 원형 속에 채워진 것을 많이 볼 수 있습니다. 삼족오는 어디에 있었을까요?
태양을 검게 그을린 유리로 관찰하면 흑점의 모습이 삼족오를 닮았다는 것을 고구려인들은 알고 있었음에 틀림없습니다.

벽화속의 삼족오

보름달 속에는 무엇이 있을까요? 우리들은 계수나무와 토끼가 방아 찧는다고 생각합니다. 그렇다고 보면 옥토끼가 있기도 하지만 두꺼비가 자기 몸을 부풀려 있다고 생각할 수 있습니다. 고구려 사람들은 달의 분화구를 두꺼비로 보았기에 벽화에 그대로 그렸습니다.

고구려 고분벽화에 태양과 달을, 그리고 그 태양 속에는 삼족오를 달에는 두꺼비가 있는 모습을 우리는 볼 수 있습니다. 그리고 서양의 별자리와는 다른 동양의 많은 별자리들을, 음각 천문도에 새길 정도로 천체의 운동을 잘 알았습니다.

2 음악, 무용, 운동 및 놀이

자, 해설 형식으로 말씀드립니다. 고구려인들은 굳세고 씩씩한 기상을 가졌으면서도, 한편으론 풍류를 즐길 줄 아는 낙천적인 성격이었습니다. 그들은 남녀와 귀천을 가리지 않고 밤새도록 노래하고 춤추는 것을 즐겼다고 합니다.

벽화에 음악을 연주하는 장면이 유난히 많은 것은 아마 이런 까닭이 아닐까 합니다. 거문고, 칼춤, 요고 및 완함을 키고, 두드리는 벽화를 보면 다리를 꼬고 있습니다. 강남스타일의 '사이'가 춤사위로 말춤을 선택하였다면 고구려 사람들은 속칭 '꼰다리 춤'을 즐긴 것을 알 수 있습니다. 노란 옷을 입은 신이 하늘을 날며 악기를 치고 있습니다. 장구를 치는 듯 보이지만 이것은 장구처럼 생긴 '요고'라는 이름의 북입니다. 허리에 매고 양 끝을 북처럼 두드려 소리를 내는 모습입니다.

가장 아름다운 연주 장면의 하나로 꼽히는 벽화로, 주위의 불꽃무늬가 바람에 일렁이는 모습 때문인지 더욱 신비스러움이 감돌고 있습니다. 고려 후기 이규보 선생의 <동명왕편>에서 해모수가 다섯 마리 용이 끄는 수레를 타고 하늘에서 내려올 때 오색구름 속에서 아름다운 음악 소리가 울렸다고 하는데, 마치 그 모습을 그려 놓은 듯이 보이는 장면입니다.

오회분 4호묘 요고 벽화 모사도 사진

용을 탄신이 연주하는 것은 거문고입니다. 거문고(玄琴)의 제작에 대해 신라고기(新羅古記)에서 이르기를 "처음에 진(晉)나라 사람이 칠현금(七絃琴)을 고구려(高句麗)에 보냈는데, 고구려 사람들이 비록 그것이 악기(樂器)임은 알지만 그 성음(聲音)과 연주하는 방법을 알지 못하여, 국인(國人) 중에 능히 그 음(音)을 알고 연주하는 자를 구하여 후한 상을 준다 하였습니다[13].

이때 둘째 재상(第二相)인 왕산악(王山岳)이 그 본 모습을 보존하면서 그 법식과 제도를 약간 고쳐 바꾸어 이를 만들고 겸하여 1백여 곡을 지어 이를 연주하였습니다. 이때에 검은 학(玄鶴)이 와서 춤을 추니 마침내 현학금(玄鶴琴)이라 이름하고 그 후로는 다만 거문고(玄琴)라 불렀습니다.

벽화를 보면, 용을 탄신이 악기를 연주하고 있습니다. 왼쪽의 신이

13) 김부식, 이병도 역 『삼국사기』 을유문화사, 권32 잡지 제1 음악(樂)

입으로 부는 것은 '소' 라는 악기입니다. 소는 여러 개의 대나무 토막을 옆으로 나란히 붙여서 만든 악기입니다. 하모니카를 불듯이 두 손으로 양쪽을 잡고 부는 것으로 마치 서양의 팬플루트와 비슷한 악기입니다.

오른쪽의 신은 뿔나팔을 불고 있습니다. 뿔나팔은 모양이 뿔처럼 멋들어지게 휘어져 있으며 끝으로 갈수록 통이 굵어지는 게 특징입니다. 제자리에 서서 불기도 하지만, 걸어가면서 또는 말을 타고 가면서 두 손으로 쥐고 불어야 하기 때문에 남자들에게 어울리는 악기입니다. 특히 소리가 크고 우렁차서 전쟁터에서 신호용으로 많이 쓰였답니다. 다른 벽화 그림을 보면, 소와 뿔나팔 외에도 기타처럼 생긴 비파와 거문고, 북과 퉁소 등이 가장 많이 등장하는데, 아마도 기본 악기로서 사람들에게 널리 인기를 끌었던 모양입니다.

옛날에 악기는 음악을 연주하는 도구 이상의 의미를 가지고 있었습니다. <동명왕편>에는 이와 관련된 흥미로운 기록이 전해지고 있습니다. 주몽이 고구려를 세운 뒤, 남의 나라 사사신이 왔을 때 북이나 나발 같은 악기로써 예를 갖추지 못하는 것을 매우 부끄럽게 여겼습니다. 이때 부분노라는 신하가 나서서 이웃 나라 비류국의 보물인 북과 나발을 훔쳐 오자, 하늘이 준 선물이라며 귀중하게 여겼다고 합니다. 당시 악기는 이처럼 왕의 위엄을 상징할 정도로 중요한 물건이었던 것입니다. 벽화 그림에 악기를 연주하는 모습이 이렇듯 신비롭게 묘사된 것은 아마도 이런 연유일 것입니다.

3 운동과 놀이

고구려인들의 여가 생활은 단지 춤과 음악에 머물지 않았습니다. 갖가지 재미있는 오락과 스포츠도 즐겼습니다. 대한민국의 축구 국가대표가 월드컵 4강에 오를 수 있었던 근거 중의 하나인 축국(蹴鞠)[14]을 잘 했다고 중국 측 역사서에도 표현되어 있습니다.

각저총 씨름그림

신라의 김춘추와 김유신이 처남 매부가 되는 사건도 축국을 하면서

14)『구당서(舊唐書)』 동이열전 고구려 / 圍棊(위기 : 바둑)와 投壺(투호)의 놀이를 좋아하며, 사람마다 蹴鞠 (공을 발로 차는 유희의 일종)에 능합니다.

시작되었습니다. 그 중에는 지금 우리에게도 익숙한 씨름과 수박(태껸)같은 민속놀이도 있고, 오늘날의 서커스와 비슷한 재주꾼 놀이도 있는 반면, 매사냥이나 마사희처럼 아주 낯선 것들도 있습니다.
모두가 활달한 성품의 고구려인들이 몸과 마음을 단련하기에 좋은 놀이였습니다. 이 중 특히 마사희(馬射戱), 씨름이나 수박(태껸)은 우리에게 의미가 깊습니다. 마사희는 앞의 8장에서 소개해 드린바 있습니다.

그 민족의 역사를 이어받는다는 것은 단지 왕조의 역사적 사실만을 기록으로 잇는다는 것이 아닙니다. 민족의 역사를 이어받는다는 것은 사회적 문화유산도 역시 함께 물려받는다는 뜻입니다.

오늘날 우리가 씨름과 수박(태껸)을 민속놀이의 하나로 즐긴다는 것은 고구려의 문화적 유산을 고스란히 이어받았다는 증거인 셈입니다. 따라서 우리 민족은 고구려의 후예로서 그들의 역사와 문화를 이어 간다는 자부심을 결코 잊지 말아야 한다는 점을 강조드리고 싶습니다.

11. 의복

고구려 벽화 속에는 그 옛날 고구려인들의 생활이 생생하게 살아 있습니다. 이 그림들을 통해 우리는 당시의 옷이나 집, 먹거리 등 생활상이 어떠했는지 짐작해 볼 수 있습니다. 여기서 흥미로운 것은 고구려 시대의 전통이 오늘날까지 살아 있다는 점입니다.

대표적인 것이 바로 옷차림입니다. 저런 멋진 옷을 입고 서울 강남의 한복판에 나타나더라도 흉하지 않은 화려한 모습입니다. 5방색 색동 12폭 주름치마를 입고 있습니다. 귀족들이라 옷감을 넉넉히 사용했다고요? 평민의 치마를 보십시오. 역시 주름치마입니다. 물자가 풍부했었다는 증거가 아닐까요?

고구려 귀족의상 복원도

고구려인들이 입었던 옷은 남자의 경우 저고리와 바지, 여자의 경우는 저고리와 바지 또는 치마가 기본 차림이고, 여기에 두루마기를 걸치기도 했습니다. 이런 복장은 오늘날의 전통 한복과 거의 차이가 없습니다. 좀 특이한 것은 바지를 입을 때 아랫부분을 잘록하게 조인 것인데, 이것은 말을 탈거나 활동하기에 편하도록 한 것 같습니다. 실용성에 중점을 두었다고 말할 수 있습니다.

수렵인 모사도

옷의 색깔은 대단히 화려하면서도 다양하며, 특히 점무늬 장식을 즐겨 입었습니다. 일종의 땡땡이 무늬를 홀치기 기법으로 염색하여 우리들을 놀라게 만듭니다. 또 저고리를 입을 때는 매듭을 왼쪽으로 동여맸는데, 이것은 중국이 오른쪽으로 여미는 것과는 다른 우리 민족의 독특한 방식으로 활을 쏘기에 적합하도록 한 것입니다.

✔알면 더 많이 보인다 ⊃ 고구려의 관직

『고려기(高麗記)』에서는 다음과 같이 전한다. 그 나라에서는 관직을 설치했는데, 관직은 9등급이 있었다.

그 첫 번째 관등은 토졸(吐捽)이라고 하는데, (당나라의) 1품에 비견되며, 옛 명칭은 대대로(大對盧)로 국사를 총괄한다. 3년마다 1번 교대하였는데, 만약 직책을 잘 수행한 자는 연한에 구애되지 않는다. 교체하는 날 만약 승복하지 않으면, 모두 군사를 이끌고 서로 공격해 이긴 자가 대대로가 된다. 그 왕은 단지 궁문을 닫고 스스로 지킬 뿐이며 (서로 공격하는 것을) 제어할 수 없었다.

그 다음은 태대형(太大兄)이라고 하는데, (당나라의) 2품에 비견되며, 일명 막하하리지(莫何何羅支)라고 한다.

다음은 울절(鬱折)이라고 하는데, (당나라의) 종2품에 비견되며, 중국어로 주부(主簿)라고 한다.

다음은 대부사자(大夫使者)라고 하는데, (당나라의) 정3품에 비견되며, 또한 알사(謁奢)라고 한다.

다음은 조의두대형(皂衣頭大兄)이라고 하는데, (당나라의) 종3품에 비견되며, 일명 중리조의두대형(中裏皂衣頭大兄)이라고 한다. 동이(東夷)에서 전해 오는 이른바 조의선인(皂衣先人)이다.

이상 5개의 관등이 중요한 정무를 관장하고 정사(政事)와 군사의 징발(徵發)을 논의하며, 관작(官爵)을 선발해 수여한다.

다음은 대사자(大使者)라고 하는데, (당나라의) 정4품에 비견되며, 일명 대사(大奢)라고 한다.

다음은 대형가(大兄加)라고 하는데, (당나라의) 정5품에 비견되며, 일명 힐지(纈支)라고 한다.

다음은 발위사자(拔位使者)라고 하는데, (당나라의) 종5품에 비견되며, 일명 유사(儒奢)라고 한다.

다음은 상위사자(上位使者)라고 하는데, (당나라의) 정6품에 비견되며 계달사자자(契達奢使者), 을기(乙耆)라고도 한다.

다음은 소형(小兄)이라고 하는데, (당나라의) 정7품에 비견되며, 일명 실지(失支)라고 한다.

다음은 제형(諸兄)이라고 하는데, (당나라의) 종7품에 비견되며, 예속(翳屬), 이소(伊紹), 하소환(河紹還)이라고 한다.

다음은 과절(過節)이라고 하는데, (당나라의) 정8품에 비견된다.

다음은 불절(不節)이라고 하는데, (당나라의) 종8품에 비견된다.

다음은 선인(先人)이라고 하는데, (당나라의) 정9품에 비견되며, 실원(失元), 서인(庶人)이라고도 한다.

또한 발고추대가(拔古鄒大加)가 있어서 빈객(賓客)을 관장하는데, (당나라의) 홍려경(鴻臚卿)에 비견되며, 대부사(大夫使)로서 이를 삼는다.

또한 국자박사(國子博士)·대학사(大學士)·사인(舍人)·통사(通事)·전객(典容)이 있는데, 모두 소형(小兄) 이상으로 이를 삼는다.

또한 여러 대성(大城)에는 욕살(傉薩)을 두는데, (당나라의) 도독(都督)에 비견된다.

여러 성(城)에는 처려필자사(處閭匹剌史)를 두는데, 또한 이를 도사(道使)라고 하며, 도사의 치소(治所)는 비(備)라고 한다. 여러 소성(小城)에는 가라달(可邏達)을 두는데, (당나라의) 장사(長史)에 비견된다. 또한 성마다 누초(婁肖)를 두는데, (당나라의) 현령(縣令)에 비견된다.

고구려의 무관으로 대모달(大模達)이 있는데, (당나라의) 위장군(衛將軍)에 비견되며 일명 막하라수지(莫何邏繡支)라고 하고, 일명 대당주(大幢主)라고 하는데, 조의두대형 이상으로 이를 삼는다.

다음으로 말약(末若)이 있는데, (당나라의) 중랑장(中郎將)에 비견되며, 일명 군두(郡頭)라고 한다. 대형 이상으로 임명하며 1000명을 거느리도록 한다. 이하의 무관 역시 각기 등급이 있다.

[출처 : 『한원』, 「번이부」 고려]

평민 복장 모사도

이 밖에도 방에 쪽구들을 놓는 풍습이나 머리에 상투를 트는 것은 벽화에서 볼 수 있는 우리의 오래된 전통입니다

무용총 접빈도 복원도 사진

여기에 놀랄 만한 풍경도 있습니다. 방 안 천장에 커튼처럼 쳐 놓은 휘장이 바로 그것입니다. 현재 아파트 평수로 80평이 넘는 커다란 집에서만 가능한 커튼을 보세요. 벽화의 주인공이 손님을 맞이하는 실내 공간을 보면, 휘장을 거두어 천장에 묶어 둔 모습을 쉽게 볼 수 있습니다.

평소에는 휘장을 천장에 걸쳐 두었습니다가 겨울이나 밤에는 휘장을 내려 방 안을 따뜻하게 했던 것으로 보입니다. 지금처럼 방에 칸막이를 하는 대신 휘장을 쳐서 생활하는 게 당시의 풍습이었던 모양입니다.

안안3호분 벽화를 토대로 재현한 고구려 왕과 왕비 의상 복원도

12. 먹을거리

고구려인들은 어떤 음식을 먹고 살았을까요? 무용통 벽화에는 이를 짐작해 볼 수 있는 손님을 대접하는 밥상과 고임상, 거기에다가 술병도 보입니다. 밥상에는 대접 5개 즉, 주발, 국 사발, 그리고 반찬 그릇 2개가 보입니다.

무용총 접빈도 복원도 부분

주발에는 조, 보리 및 밀 등의 잡곡밥이 담겨있을 것이고, 아욱 등의 채소와 된장을 넣고 끓인 국이 사발에 있고, 고춧가루가 들어가지 않은 백김치 그릇과 해산물 젓갈이 조그만 그릇에 담겨져 있습니다. 그림에서 상대적으로 작게 그려진 하인이 오자도로 맥적을 먹기 좋게 썰어 주인에게 서빙하는 모습이 이채롭습니다. 고구려에서 재배된 채소로는 부루와 아욱, 배추, 무와 콩잎, 박, 오이 등이 전해지고 있습니다. 고구려 사신이 수나라에 갔을 때 그 곳 사람들은 부루(상추) 종자가 귀하여 비싸게 거래되기에 천금채(千金菜)라 불리기도 합니다는 조선 후기 역사서 해동역사(海東繹史)의 기록이 있습니다. 주인과 손님이 담소하는 모습 뒤편에 그릇에 가득 담긴 과일이 그려 있습니다.

중국의 책 수신기에 맥반이라는 식탁과 맥적이라는 고기구이 음식이 귀족 집안과 부잣집에서 즐겨 잔치에 나오는 그릇과 음식이라는 기록이 전해집니다. 여기서 맥적은 고구려인들이 즐겼던 불고기 음식입니다. (멧)돼지를 간장에 절여 항아리에 넣어둔 것을 꺼내서 여기에 마늘과 아욱 등으로 양념을 한 후 그것을 숯불에 굽습니다. 이 요리는 당시 고구려 사람들이 가장 즐겨 먹던 음식입니다. 간이 깊게 배어 있고 구워낸 맛이 고소해서 이웃 중국에도 전해졌습니다. 특히 고구려인들은 노루, 소, 개 따위의 고기도 좋아했지만 돼지고기를 더욱 즐겨 먹었습니다.

고구려의 맥적이 맛있고 널리 먹거리로 자리 잡았던 것은 산악지역 특성상 풍부한 사냥감과 대두의 원산지답게 간장 맛 때문일 것입니다. 가을에 콩을 삶아서 동해안에서 들여온 소금으로 메주를 만드는 일은 당시에도 매우 흔한 일이었을 것입니다. 이렇게 만든 간장은 사냥에서 잡아온 노루나 멧돼지의 살코기를 양념하는 데 쓰였습니다. 즉, 맥적이 콩을 이용한 발효음식으로 양념을 한 것은 현대 한국의 대표 음식인 불고기와 된장의 원조라 할 수 있겠습니다.

고구려인들은 평소에 차좁쌀로 밥을 지어먹기도 했지만, 술을 만드는 데도 차좁쌀은 좋은 재료가 되었습니다. 먼저 차좁쌀을 디딜방아에서 곱게 빻아 가루를 내어 미지근한 물에 반죽을 한 후 시루에 앉혀서 떡이 되게 찝니다. 이렇게 삶아 낸 차좁쌀 떡을 식힌 후 손으로 다시 반죽을 하고 충분히 다진 후 그 위에 말린 메주에서 떼어낸 가루를 넣고 물을 간간이 부어가며 손으로 반죽을 하며 이리저리 잘 섞습니다. 이것을 항아리에 넣고 우물에서 떠온 깨끗한 물을 부어 뚜껑을 꼭 덮고 화로 옆에 한 달쯤 두면 술독 맨 위로 맑은 청주가 떠오릅니다.

이웃 중국의 기록에는 이 술을 곡아주라 부르면서 고구려술이라 적고 있습니다. 술병의 왼쪽에 놓인 상에는 오늘날의 고임음식과 닮은 것이 놓였습니다. 아마도 강정, 산자, 밤 따위를 고임한 곡아주의 안주가 아닐까 여겨집니다. 일본의 고대 기록에는 이런 고임음식을 고구려병이라 불렀다고 적혀있습니다[15].

안악3호분 벽화에 그려진 고구려의 부엌

15) 참고문헌 : 박유미, 「고구려음식문화사 연구」, 인하대학교, 2014

단양 여행

전세버스 손님들과 함께하는 단양 관광

관광객을 태운 대형 버스에서 간단하지만 정성들여 만든 종이 칠판에 활인산수(活人山水)라는 한자를 적어 사자성어를 풀이하는 것으로 청정단양, 힐링단양을 설명하기 시작합니다.

"단양은 사람을 살리는 기운 찬 산세와 마시면 약이 되는 달고 맛좋은 샘물을 지닌 천혜의 경승지입니다. 15년 전 경기도에서 살다가 이곳 단양군으로 처음 이사 왔을 때 마을 분들이 저한테 '60이 넘어 왜 왔냐?'고 도시에서 찌든 얼굴을 보고 다소 안타깝게 말씀하시던 기억이 납니다. 여러분 제 나이가 얼마나 되 보입니까? "

"머리가 희끈희끈한 것 빼고는 젊음이 넘칩니다. 한 오십을 앞에 둔 것 같습니다."

"그렇습니다. 제가 이렇게 마이크를 들고 손님 앞에 서서 우렁차고 씩씩한 목소리로 단양을 자랑하고 있으면 젊어지는 것이 사실입니다. 제 나이 육십 오세입니다. 단양은 사람을 젊게 만들어 줍니다. 여러분도 오늘 하루일정의 관광을 마치시고 귀가하실 때면 단양 신선들만이 호흡하는 상큼한 공기의 힘으로 며칠은 젊어지실 겁니다."

온달관광지를 향해 단양 시내를 지나 관광버스가 고수재를 오를 때 일부 관광객이 차멀미로 조금 힘들어 하면 종이칠판의 사자성어를 십보구절(十步九折)로 바꿔 보여주면서, "단양은 첩첩이 겹쳐진 많은 골짜기와 산봉우리를 갖고 있어 열 발자국을 걸으면 아홉 번 길이 구부러지고 산을 오르면 코가 길에 닿는다."는 다소 과장된 표현으로 손님들을 안심시킨다.

"좌측의 에메랄드빛 남한강을 보십시오." 조금 시간이 지나 남한강을 가로지르는 군간교를 건너면 "우측 방향 비취빛 강물 속에 헤엄치는 쏘가리가 보이십니까?" "멀리 소백산 정상의 국망봉과 신선봉이 보이지요" 온달관광지가 있는 영춘교에 다가가면 짐배노래를 잘하지는 모르지만 "영춘에 흐르고 나리는 물은 도담삼봉 안고 돌아 도담삼봉 흐르는 물은......구담봉 돌아 옥순봉에 다가서면.." 구성지게 소리를 냄으로써 조금이나마 영춘면의 역사성과 중요성을 부각시킵니다.

온달세트장, 온달전시관, 온달동굴 및 온달산성으로 구성된 온달관광지 설명은 삼국사기의 실존인물인 온달장군과 역사적 인물 평강공주와의 내조 에피소드로 로맨틱하게 설명하고 충분한 자유 시간을 제공함으로써, 그네타기, 널뛰기, 투호놀이, 그리고 충청북도에서 제공하는 그림엽서를 즉석에서 작성하여 우리나라에서 가장 커다란 우체통에 넣는 이벤트에 참여시킴으로써 1년 후 배달되는 엽서를 받아 보는 즐거움과 자신이 직접 참여하는 체험관광의 여운을 느낄 수 있게 만들어 준다.

장회나루에서의 구담봉과 옥순봉의 경관을 설명하면서 종이칠판의 글자는 '십보구고(十步九顧)'라는 명언으로 대신합니다.

단양의 경치를 조선의 문객들에게 각인시킨 김일손 선생의 신증동국여지승람 단양기에 있는 몇 문장 즉, "장회 아래에서 말고삐를 늦추면 점점 아름다운 지경으로 들어가는데, 홀연히 쌓인 돌무더기가 우뚝 솟고 총총한 봉우리가 첩첩이 푸르러 좌우가 아득하고 동서로 현혹되어 아무리 교력(巧歷)이라도 셀 수가 없다. 언덕이 열리고 산협이 터지면서 한 강이 가운데로 유유히 흐르는 것이 똑같이 푸르다.
강 북쪽 언덕 옆 낭떠러지 험한 곳을 수백 보 오르면 성이 있어서 사람이 숨을 만하므로 옛 이름이 가은암(可隱巖)이다.

내가 그 앞에 말을 세우니 연기와 안개에 길이 희미하여 어렴풋이 이난다. 절경(絶境)이 명칭이 없음을 아깝게 여겨 처음으로 이라 이름하였다. 산은 더욱 기이하고 물은 더욱 맑다. 협(峽)을 거쳐 동쪽으로 가니, 산은 더욱 기이하고 물은 더욱 맑다. 10리를 가다가 협이 다 되어 머리를 돌리자 가인(佳人)을 이별하는 것 같아서 열 걸음에 아홉 번 돌아보았다."는 선생의 말씀을 충주호 유람선에 승선하는 관광객들에게 알려줍니다.

출발지로 돌아가기 위해 단양역에 도착하면서 약간은 피로기색이 보이는 여행객들에게 짧으면서도 단호한 문장 즉, "단양으로 오십시오, 단양은 청정지역입니다. 단양에는 예로부터 십승지가 두 곳이나 있다는 요산요수(樂山樂水)의 아름다운 곳입니다.

단양은 석회암지역의 전형으로 황토(테라로사)에서 생산되는 단양 농산물(마늘, 고추, 수박 및 잡곡)은 웰빙을 넘어 치유가 가능한 힐링 단계로 격상시켰습니다 . 아토피 등으로 고생하는 도시 아동들이 치료를 위해 단양의 초등학교와 중학교로 전학을 오는 신선한 소식을 여러 번 접해 보셨을 것입니다. 휴식과 재충전, 치료의 고장 단양을 선택하십시오. 그러나 서두르지는 마십시오.

단양군은 슬로시티를 목표로 하고 있습니다."

기차는 단양역을 떠나고 손을 흔들어 환송하는 문화관광해설사들의 아쉬운 이별에 전국 각 지역 관광객들이 양손을 흔들어 답을 준다. 봄볕을 받아 오늘따라 유난히 빛나는 금수산의 노을이 단양의 녹색쉼표와 어우러진다.

13. 고구려 미술

무려 700년간 지속한 제국 고구려의 미술은 회화·조각·공예·건축 등으로 나누어 개략적으로 살펴봅니다. 고구려의 미술은 벽화만이 잘 알려져 있지만 돌사자, 계단 깃돌에 새긴 돌사자, 불상 같은 조각과 공예는 무덤에서 출토된 장신구류· 토기류와, 절터·궁터 등에서 발견된 기와·벽돌 등이 남아 있습니다. 대표적인 벽화에 대한 설명은 나중에 보다 상세하게 설명해 드리겠습니다.

1 고구려의 회화

강서대묘 현무도

고구려 무덤의 내부에 그린 고분벽화는 회를 바른 벽면 또는 돌벽에 그렸는데, 그 내용은 인물화, 풍속화, 동식물화와 산수화, 신비화, 천체도, 건축 의장, 장식무늬 등 다양합니다. 이를 주제에 따라 몇 개의 유형으로 나누면, 인물풍속도, 인물풍속도 및 사신도(四神圖), 장식무늬, 장식무늬 및 사신도, 사신도의 5가지로 분류됩니다.

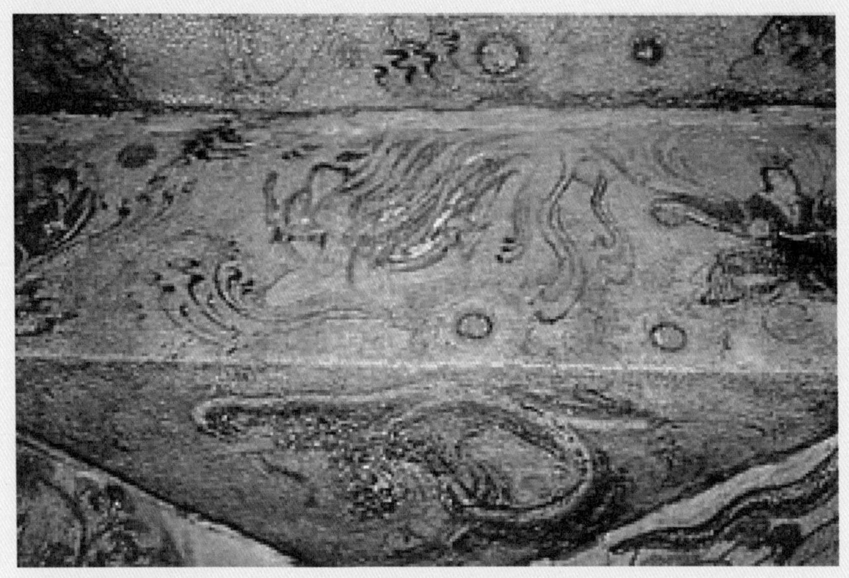

통구4호분 비천도

고구려 벽화의 기법은 회를 바른 벽면이나 돌벽에 먹선으로 밑그림을 그린 다음에 여러 색으로 구륵(鉤勒)하여 그리기도 하고, 또는 밑선을 긋지 않고 색채를 써서 백묘(白描)도 하였습니다. 밑그림을 그릴 때에는 정확한 형태를 잡기 위하여 우선 데생(dessin)을 하였음을 안악 제3호분(安岳第三號墳)의 말 그림에서 볼 수 있습니다. 밑그림은 일반적으로 먹선으로 그렸으나, 그 밑 선은 주선(朱線) 또는 참대 꼬챙이 같은 것으로 긋기도 하였다. 이 밖에 원형이나 직선을 그을 때에는 오늘날과 같이 자와 컴퍼스와 같은 도구를 사용하였다고 짐작됩니다.

벽화에 사용된 채색의 종류는 검은색을 주로 하여 붉은색·누런색·자주색·푸른색·초록색·흰색 등을 사용하였는데, 붉은색은 다시 적·주·홍·자색 등 4색으로 구분할 수 있으며 다른 색도 농담(濃淡)의 변화가 풍부하여 다양한 색감을 주고 있습니다.

때로는 중화군 진파리(眞坡里) 제4호분의 벽화에서와 같이 금분(金粉)을 쓰기도 하였고, 또 중국 퉁거우[通溝] 제4호분의 벽화에서 보는 바와 같이 덧칠을 한다든지 꽃술을 나타내는 데 금동(金銅) 같은 금속을 이용한 예도 있습니다.

재미있는 사실은 공간처리에서는 별로 고려하지 않았으며, 원근을 나타내는 데도 사물의 형태를 크고 작게 그린다든지, 또는 계단식 배열법을 취한 경우가 많아 대체로 평면적이라는 점입니다.

특히 개념적으로 중요한 것은 크게 그리고 종속적인 것은 대개 작게 그렸다는 점인데, 이로 말미암아 주인이 시종보다 엄청나게 크게 그려지고, 산 위에서 자라고 있는 나무가 산보다도 더 크게 그려지는 등 실물 상호간의 실제비례가 흔히 무시되었습니다.

다시 말하면, 벽화의 그림들은 사물의 크기 비례를 자연의 현실적 비례에 맞추어 그린 것이 아니라, 사물 형상의 중요성에 따라, 또 인물 형상의 경우에는 엄격한 위계제도(位階制度)에 맞추어 그렸다는 것입니다. 벽화의 배치상태는 다소 무질서한 듯한 느낌을 주기도 하나, 사건들을 벽면의 임의의 장소에 맹목적으로 나열한 것만은 아니라는 것입니다.

예를 들어 문지기인 수문장은 반드시 문 입구에 그렸고, 하늘에 있는 해 ·달 ·별은 천장에 그렸는데, 해는 동쪽에, 달은 서쪽에, 북두칠성은 북쪽에 두었습니다. 그리고 비천 ·선인 등 하늘을 나는 사물도 천장에 그렸고, 수렵도는 대체로 서쪽 벽에 배치하였습니다. 또 주인공을 중심으로 한 행렬도는 북쪽을 향하여 전진하게 그렸으며, 방앗간 ·푸줏간 ·부엌 등 살림과 관계있는 사물은 동쪽에 그렸습니다.

고구려의 고분벽화는, 형상의 진실성과 수준 높은 예술성과 함께 고구려 사람들의 진취적인 기상과 섬세한 정서감정이 한결 같이 흐르고 있음을 엿볼 수 있게 합니다. 그리고 이 세상을 떠난 무덤의 주인공이 유계(幽界)에서 영원히 편안할 것을 기원하기 위해 그려진 유계의 미술이라고도 할 수 있습니다.

2 고구려의 조각

남아 있는 고구려 조각의 유품은 많지 않으나 돌에 새긴 조각품으로서 알려진 것에는 평양(平壤) 부근의 영명사지(永明寺址)의 계단 짓돌에 부각한 돌사자가 있습니다.

연가7년명 금동여래입상

이 밖에 널리 알려진 것으로는 불상이 있는데 대표적으로 연가칠년명 금동여래입상(延嘉七年銘金銅如來立像)을 들 수 있습니다. 이 불상은 고구려의 것인데도 경남 의령군 대의면(大義面) 하촌리(下村里)에서 우연히 발견되었습니다. 고구려 불상 중에서 가장 오래 된 것으로, 긴 명문이 음각된 매우 중요한 조각품이라고 할 수 있습니다.

불상은 둥근 연꽃무늬 대좌 위에 직립한 여래입상으로서, 큰 광배를 지니고 있으며, 나발(螺髮)의 육계(肉髻)가 머리 위에 둥글게 만들어졌고, 통견(通肩)의 법의는 몸의 좌우와 밑에서 주름을 볼 수 있습니다. 광배 뒤에는 4행 47자의 조상명(造像銘)을 새겼는데, 그 첫머리에 연가(延嘉)라는 연호가 있으며, 을미년이라는 간지(干支)와 제작수법으로 보아 539년 또는 599년으로 추정합니다.

1944년 평양에서 출토된 금동미륵반가상

좌상(坐像)으로서는 반가사유상이 널리 알려져 있으며, 그 중 금동미륵반가상(金銅彌勒半跏像)은 평양의 평천리에서 발견되었습니다. 삼면관을 썼고 얼굴을 약간 숙였으며 상체는 벗은 모양이고 허리는 가늘고, 오른다리를 왼쪽 무릎 위에 얹었으며, 오른팔은 팔꿈치를 오른쪽 무릎 위에 대었습니다. 오른손이 없어졌으나 손을 볼에 대고 있었음이 분명하며, 왼손으로는 왼쪽 발목을 잡고 있는 정형적인 반가의 자세를 취하고 있는 아름다운 불상입니다[16].

고구려에는 금동불상 이외에 이조불상(泥造佛像)이 있는데, 평남 평원군 덕산면(德山面) 원오리(元五里)의 폐사지(廢寺址)에서 발견된 이조여래좌상(泥造如來坐像)이 널리 알려져 있습니다.

3 고구려의 공예

고구려의 공예품 중 장신구류에서 주목되는 것을 추려보면, 평양 부근의 고분에서 드러난 투각초화무늬 금동관[透刻草花文金銅冠]과 평양의 청암동토성(淸巖洞土城)에서 발견된 투각화염무늬 금동관[透刻火焰文金銅冠] 및 고분에서 드러난 금동귀걸이 등이 있습니다[17].

---

16) 이 불상의 형식은 백제나 신라의 반가상과 동일하며, 확실한 고구려 유일의 반가상이다.

17) 이 밖에도 중화군 진파리 제7호분에서 출토된 투각용봉무늬금동관형장식[透刻龍鳳文金銅冠形裝飾]이 있는데 그 용도는 분명하지 않다.

투각초화무늬 금동관은 폭이 좁은 금동관대에, 초화무늬를 투각한 금동입식을 앞면과 좌우에 각각 하나씩 세우고, 이 앞면의 입식에 접하여 뒷면 좌우에 투각한 사각형 장식을 각각 하나씩 부착한 구조의 것으로, 앞면 좌우의 입식 윗부분이 안으로 굽은 모양은 고구려의 고분벽화에서 흔히 보이는 고깔모양의 절풍(折風)과 같은 인상을 주고 있습니다.

금동관의 투각화염무늬 입식은 백제 무령왕(武寧王)의 관식(冠飾)과도 기본적으로 통하고, 또 중국 북위(北魏)의 금동삼존불(金銅三尊佛)의 광배에서도 볼 수 있습니다. 투각용봉무늬 금동관형 장식은 관모형을 이루고 있는데, 중앙에는 태양을 상징하는 세발까마귀를 두고, 그 테두리에는 불꽃 비슷한 구름무늬를 새겼으며, 구름무늬 속의 윗부분에는 봉황, 아랫부분에는 용 2마리를 각각 배치하였습니다. 그리고 테두리에는 다시 넓고 좁은 2겹의 테를 두르고 그 사이에 구슬무늬을 양각하였습니다.

무늬는 정교하고 치밀하며 유려한 흐름을 보여준다. 이 금동관 뒤에는 같은 형태의 나무관을 댔는데, 금동관과 나무관 사이에 비단벌레의 날개를 깔아 금녹색의 바탕을 만들어, 이것을 배경으로 하여 금동관을 두드러지게 한 세련된 솜씨를 볼 수 있습니다.

비단벌레의 날개를 장식에 쓰는 수법은 신라의 금관총에서 드러난 마구에도 보이고, 또 일본의 호류사의 불감(佛龕)에서도 보이나, 그것은 고구려의 기술을 도입하여 이룬 것으로 볼 수 있습니다.

진파리 7호분 출토 금동투조금구

한편 금동귀걸이에는 신라에서 볼 수 있는 태환식(太鋺式)은 없고 모두가 가는 고리식[細鋺式]이며, 가는 고리에 작은 고리를 달고 그 고리에 각추(角錐) 같은 장식을 매단 것이 기본형입니다.
고구려 평양 토성리 출토 와당토기는 백제 · 가야 · 신라에 비하여 장기간에 걸쳐 존속하였고, 또 넓은 영역을 차지하였으나 그 유품은 지극히 드물게 나타납니다. 사리기법으로 만든 적갈색 토기도 있으나 주가 되는 것은 물레를 써서 성형한 토기입니다.

가는 모래를 약간 섞고 차진 진흙을 잘 이겨서 만든 바탕흙에, 예새 같은 것으로 간 자리가 보이는 갈색마연토기와 흑색마연토기가 그것입니다. 아가리가 넓적한 깊은 바리 모양의 단지 · 접시, 목이 짧고 배가 통통한 흑색마연도호, 네 귀가 달린 단지, 큰 띠 손잡이가 4개 달린 시루, 뚝배기 · 보시기 등 다양합니다. 황록유도는 도기에 황록유(釉)를 올린 것으로 단지, 네 귀 달린 단지, 반(盤) 등이 있습니다.

연화문 와당

이 밖에 고구려의 도기 중에는 부뚜막 ·벼루 ·기대(器臺) 및 각종 명기(明器) 등이 있습니다[18]. 기와는 중요한 건축부재의 하나로서 그 용도에 따라 수키와 ·암키와 ·막새 ·치미(鴟尾) ·귀면기와 ·제형기와 등 다양합니다. 기와에는 다양한 무늬를 놓았는데 암키와에는 식물무늬 ·기하무늬 및 기타 무늬를 부각시켰습니다.

고구려 철제 부뚜막

18) 기와와 벽돌 공예품은 중국 퉁거우지방의 고구려 유적과, 평양 원오리사지(元五里寺址) 및 안학궁지(安鶴宮址)를 비롯한 평양의 근교유적에서 많이 드러났다.

식물무늬로는 이깔잎무늬 · 넓은잎무늬 · 꽃무늬 같은 것이 보이며, 기하무늬로는 노끈무늬 · 돗자리무늬 · 멍석무늬 · 사격무늬 · 사각무늬와 원무늬 · 물결무늬 등이 흔하게 사용되었습니다. 그리고 무늬에는 귀면 · 새 · 화염 같은 것이 보입니다.
수키와에는 간단한 돋을무늬의 것이 있으며 기와 중에서도 가장 눈에 띄는 것은 막새기와입니다. 막새에는 여러 무늬를 부각시키고, 대체로 연꽃무늬 · 인동무늬 · 귀면무늬 및 그 밖의 무늬로 나눌 수 있습니다.

벽돌에는 사각형 벽돌 · 직사각형 벽돌 · 부채꼴 벽돌 등이 있다. 사각형 벽돌은 금강사지(金剛寺址)에서 발견되었는데, 집 바닥 전면에 깔려 있었습니다. 무늬는 대체로 기하무늬와 식물무늬로 나뉘는데 기하무늬로는 둥근 돈을 띠로 이어댄 돈띠무늬, 겹선으로 사격 또는 방격무늬를 놓고 그 속에 마름모형을 새긴 능형무늬가 대부분입니다.

식물무늬로는 연꽃무늬 · 인동무늬 등이 흔하고 직사각형 벽돌에는 글자를 새긴 것도 있습니다. 태왕총(太王塚)에서는 '願太王陵安如山固如岳' 이라고 쓴 벽돌이 나왔고, 천추총(千秋塚)에서는 '千秋萬歲永固' 라고 쓴 벽돌이 나왔습니다. 이 벽돌들은 모두 이 무덤 주인공의 명복을 빌어 만든 것입니다. 부채꼴 벽돌은 직사각형 벽돌이 한쪽으로 휜 모양으로 된 것이며 바깥 옆면과 안쪽 옆면에 인동무늬를 여러 가지로 변형시킨 무늬를 부각한 것이 있습니다.

이 밖에 고구려의 공예에서는 옥공예(玉工藝)와 옻칠공예도 찾아볼 수 있는데, 옥공예품으로는 중국 지안[集安]에서 발견된 백옥귀 잔이 있으며, 옻칠공예품으로는 안악 제3호분 ·강서중묘(江西中墓) ·퉁거우 제12호분에서 출토된 칠판에 쓴 것으로 보이는 칠화 조각이 알려졌습니다. 강서중묘의 칠화 조각은 검은 칠을 두껍게 먹이고, 그 위에 흰색과 붉은색을 가지고 인동무늬와 날개를 활짝 펴고 있는 봉황을 화려하게 그렸습니다[19].

깊숙한 물체에 뚜껑이 달린 합(盒)으로 몸체와 뚜껑의 표면에는 삼중의 동심횡대(同心橫帶)가 돌려 있고, 뚜껑 중앙에 달려 있는 오똑한 구형(球形) 꼭지는 연꽃에 싸여 있습니다. 합 바닥에는 광개토대왕을 위해 만든 것으로 해석되는 명문이 양각되어 있습니다. 이와 같이 고구려의 공예는 수준이 매우 높았습니다.

4 고구려의 건축

고구려의 건축물에는 살림집 ·궁전 ·사찰 등이 있는데 고구려의 살림집에 관한 자료로는 《삼국지(三國志)》《신당서(新唐書)》 등의 문헌기록 및 고분벽화에 그려져 있는 주택 그림과 주택 유적 등

19) 이러한 공예품 이외에, 고구려 금속공예의 일단을 엿볼 수 있는 금속공예품 1점이 신라 호우총(壺杅塚)에서 발견되었는데, 명문이 있는 청동호우(靑銅壺杅)이다.

이 있습니다[20]. 고구려 벽화고분 중에는 주택에 관계있는 그림이 그려진 고분이 많습니다. 다음 장에서 고구려 귀족가옥의 내부에 대해서 보다 자세히 설명해 드리겠습니다.

광개토대왕 청동호우

고구려 토기 집모양 (사람의 얼굴 모습)

20) 문헌에 의하여 대옥(大屋) · 소옥(小屋) · 창고(倉庫) 등이 있었음을 알 수 있으나 그 구체적 구조는 알 수 없다.
쌍영총 · 천왕지신총 · 대안리 제1호분 · 안악 제1호분 · 퉁거우 제12호분 등에는 전각도(殿閣圖)가 있고, 안악 제3호분 · 약수리 벽화고분 · 무용총 · 각저총 · 퉁거우 제12호분 · 마선구 제1호분 등에는 주택의 부속건물 그림이 있다.

쌍영총의 전각도를 보면, 용마루 끝에 망와(望瓦)가 달린 맞배지붕의 건물이 그려져 있습니다.
고구려의 왕궁터로는 평양의 안학궁(安鶴宮)과 고구려 장안성 내의 궁성, 중국 동북지방 집안의 국내성(國內城) 등이 알려져 있습니다.
안학궁 안에는 대건축군과 정원이 들어차 있습니다.

궁전들은 대체로 남북으로 놓인 3개의 축에 따라 배치되었는데, 궁성 남문을 통하는 남북축이 중심축, 궁성 남벽의 동서문을 통하는 남북측이 보조축으로 되어 있습니다. 중심축 위에는 4개의 기본 궁전들이 놓여 있었고, 궁전들의 중앙 부분에는 대체로 주축자릿돌이 비어 있습니다. 아쉽게도 이처럼 궁전자리는 알 수 있으나 그 위에 세워진 건물의 구조는 구체적으로 알 수 없습니다.

알려진 절터의 예를 들면, 우선 금강사지(金剛寺址)는 남북으로 놓인 축상에 문 ·탑 ·당을 차례로 세운 형식의 가람배치이고, 평양시 동쪽 청암리 토성 안에 위치한 청암리사지(淸巖里寺址)를 보면, 팔각전(八角殿)을 중심으로 동 ·서 ·북의 3면에 금당을 배치한 1탑 중심(一塔中心) 동서북 3금당식(東西北三金堂式) 가람배치로 이루어져 있습니다.[21]

21) 참조 : www.doopedia.co.kr

14. 무용총 접빈도

무용총 접빈도 복원도 부분

앞의 장에서 무용총 접빈도 벽화는 방 안에서 손님을 맞고 있는 장면을 다시 살펴봅니다. 오른쪽에 검은 저고리와 붉은 점무늬 바지를 입은 주인이 점잖게 앉아 있습니다. 맞은편에 앉은 손님은 머리를 깎은 걸로 봐서 도교 계통 도사(道士)인 듯한데, 한손을 추켜올리고 뭔가를 열심히 이야기하고 있는 모습입니다. 그들 사이에 난쟁이처럼 작게 그려진 하인이 음식을 바치고 있습니다.

주인공의 실내 생활을 마치 한 장의 스냅사진처럼 그려 놓았습니다. 그런데 이 장면을 가만히 보면, 한 가지 이상한 것이 있습니다. 우리나라는 예로부터 방에 구들을 놓고 불을 때서 생활하는 온돌 문화가 발달했습니다. '코에 고드름이 얼어도 아랫목은 따뜻해야 잠자리가 편합니다.' 라는 말은 그래서 나온 것입니다.

우리민족의 온돌 문화는 고구려에서 비롯된 것으로 알려져 있는데, 벽화를 보면 주인과 손님이 신발을 신은 채 의자에 앉아 있습니다. 음식이 담긴 상도 여기에 맞춰 다리를 길게 했습니다. 도대체 이것은 어찌 된 영문일까요?

입식 생활의 모습입니다. 왕궁도 아닌 귀족의 응접실 바닥이 현재 우리가 사용하는 방바닥처럼 평평하지요. 토목 기술적으로 상당히 앞섰다는 증거입니다. 바닥을 울퉁불퉁하지 않게 쪽 고르는 기술이 지금 보면 아무것도 아닌 것처럼 느껴지지만, 필자가 어렸을 때 외갓집 부엌에서는 밥상을 놓을 수가 없어 박으로 만든 그릇을 들고 외할머니가 맛나게 만들어 주신 고추장 콩나물 비빔밥을 먹은 기억이 있지만 당시에 부엌 바닥이 고르지가 않았습니다. 그런데 지금부터 천 오백년 전 고구려의 방바닥은 이 그림처럼 매끈합니다.

고구려의 온돌은 지금과는 약간 달랐습니다. 방 전체에 구들을 놓는 것이 아니라 일부분에만 구들을 놓았습니다. 이를 쪽구들이라고 합니다. 다시 말해, 방 안에는 신발을 벗고 잠을 자는 쪽구들과 신발을 신고 생활하는 공간이 함께 있었던 것입니다.

겨울에는 쪽구들에서 낮에는 벽난로로 밤에는 온돌방으로 사용하여 매서운 북쪽나라의 추위를 피하고, 여름이나 평상시에는 의자나 평상에 앉아 생활했던 것입니다.

당시는 전쟁이 잦았던 까닭에, 고구려인들은 언제든 말을 타고 달려

나갈 수 있도록 이렇듯 서서 생활하는 것이 몸에 익었던 것입니다. 군대 생활 중에 5분 대기조 모습이 갑자기 생각이 납니다.

손님맞이 모사도

15. 고구려 귀족 가옥으로 알아보는 가정생활

1 부엌

고구려인들은 어떤 음식을 먹고 살았을까요? 벽화에는 이를 짐작해 볼 수 있는 부엌 풍경이 남아 있습니다. 먼저 눈길을 끄는 것은 큼지막한 시루를 만지며 요리를 하는 여인입니다. 그녀는 한 손에 국자 같은 것을 들고 시루를 기울인 채 음식을 퍼 담으려는 듯한 자세를 취하고 있습니다.

안악3호분 부엌 복원도 사진 019

불이 활활 타고 있는 아궁이 앞에는 불을 지피는 여인이 있고, 뒤쪽에는 허리를 숙인 채 그릇을 차곡차곡 정돈하는 여인이 있습니다. 부엌일을 하느라 모두들 여념이 없는 모습입니다.

고구려는 산악이 많은 지형 특성상 벼농사보다는 조나 콩, 보리, 밀, 수수 같은 곡식을 주로 재배했습니다. 그런데 주식으로 삼은 조나 보리, 수수 등은 낟알이 단단하여 쉽게 익지 않았습니다.
이 때문에 곡식을 가루 내어 주로 시루에 쪄 먹었던 것입니다. 벽화에서 보이는 커다란 시루가 바로 이것인데, 실제 고구려 유적에서는 이와 비슷한 시루가 많이 발견되고 있답니다.

2 고기창고

방앗간 그림 밑에 뜻밖의 고기창고 그림이 있네요. 커다란 고기덩이 통째로 걸려있고 장독 두 개가 놓여있습니다.
냉장고가 없던 시절 고구려 사람들은 야생초에서 천연 방부제를 찾아냈습니다. 바로 '아욱'과 '명이나물'(산마늘)입니다.

들판에 널려있는 콩으로 메주를 쑤고, 그것으로 장을 만들어 위의 천연 방부제와 고기를 섞어 낮은 불로 6시간 정도 숙성시키면 거기에서 꺼낸 고기는 6개월 정도 상온에서 부패하지 않고 신선도를 유지합니다. 두 사람의 일꾼이 이렇게 마련된 고기를 다듬고 있습니다.

안악3호분 벽화 고기창고 모사도 사진

바람이 통하는 창고에 보관하다가 고기가 생각이 나거나 전쟁 시에 통째로 전쟁터에 들고 나가 전투식량으로서의 역할을 톡톡히 하였답니다. 13세기 몽골의 전사들이 말린 고기로 전투 시에 간편하게 끼니를 해결하고 서구인들이 상상도 못한 속도전을 수행하여 전투에서 승리를 차지하였다는 이야기가 있지요. 몽골인들은 '샤브샤브',를 먹었다면 그것에 비견되는 것이 바로 고구려 전사들은 '맥적(貊炙)구이'입니다.

북쪽에 위치하여 쌀을 먹기가 어려웠던 고구려 사람은 돼지고기, 개고기 및 사슴고기를 즐겼습니다.

사족(蛇足)으로 단양군 어상천면에 고구려맥적(高句麗貊炙)을 전문으로 하는 음식점이 있음을 알려드립니다.

단양군 어상천면 단양연수원 식당의 고구려맥적 차림상 사진

3 방앗간

고구려 벽화에는 당시의 생활사 박물관을 보는 듯한 그림이 더러 있습니다. 그 중의 하나가 방앗간 그림입니다. 그림을 보면, 두 여인이 방아를 찧고 있습니다. 왼쪽에 붉은 저고리에 흰 치마를 입은 여인이 디딜방아를 밟고 있습니다. 손으로는 끈 같은 것을 쥐고 있는데 방아를 구를 때 몸이 흔들리지 않도록 균형을 잡기 위한 것입니다. 맞은편에는 푸른 저고리를 입은 여인이 있습니다.

안악3호분 방앗간 복원도 사진

소매를 걷어 올린 채 양손으로 무언가를 잡고 있는데, 이것은 '키'라는 농사 도구입니다. 곡식을 찧은 다음 여기에 담아 위아래를 흔들면, 껍질과 쭉정이가 바람에 날려가 알맹이만 남게 된답니다. 키질을 하는 여인이 훨씬 작게 그려진 것으로 봐서, 신분이 더 낮거나 나이가 어린 모양입니다.

디딜방아를 찧는 여인들의 얼굴 표정을 보십시오. 온화하고 행복에 찬 모습입니다. 우리 식구들 먹을 양식을 매일 찧고 있으면서도 피곤함의 기색이 없습니다. 마트에서 20kg 포장 양곡을 손쉽게 구매할 수 없습니다. 또한 한꺼번에 많은 양의 조나 수수를 정미하면 신선한 맛이 사라지기에 하루치 식량을 빻습니다. 한 30분 디딜방아를 움직이다 보면 다리가 후들후들 떨리기 시작합니다. 그러나 고구려의 아낙들은 가족의 건강을 위해 기쁨 마음으로 먹을거리를 준비합니다.

요즘 설날이나 추석 때 가장 많이 회자되는 단어가 무엇일까요? "명절증후군" 아닙니까? 오랜만에 가족들이 모이다 보면 차례상이나 음식을 많이 준비하게 됩니다.
그러나 예전처럼 장작불을 때고 가마솥을 앉히고 거창하게 준비하지 않습니다. 전기 프라이팬에 기름 두르고 전을 부치거나 커다란 양푼에 갖은 양념을 넣고 잡채 등을 준비합니다. 그뿐입니다. 힘들지요, 평소에 두 식구 먹을거리 준비합니다가 열 댓 식구를 위한 상차림은 분명 피곤한 일입니다. 그러나 남을 위한 잔칫상도 아니고 넓은 의미의 가족상 준비가 아닙니까?

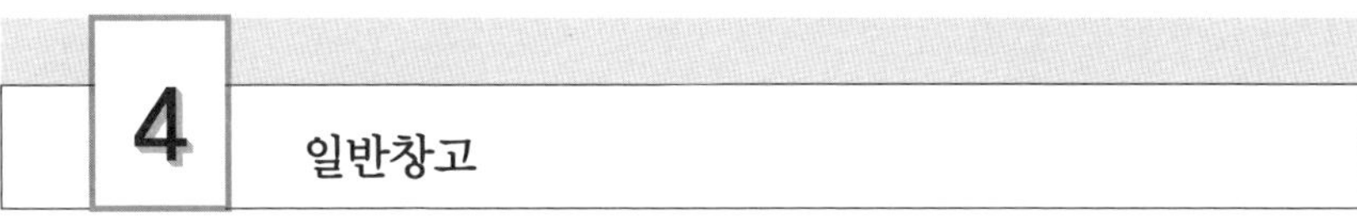

4 일반창고

역사 시험에 많이 나온 문제입니다. '고구려의 독특한 창고 형태와 그 창고의 이름은 무엇일까요?'

덕흥리 고분 제2호에 나타난 모사도에는 고상창고에 사다리가 설치되어 있어 사람이 오르내린다.

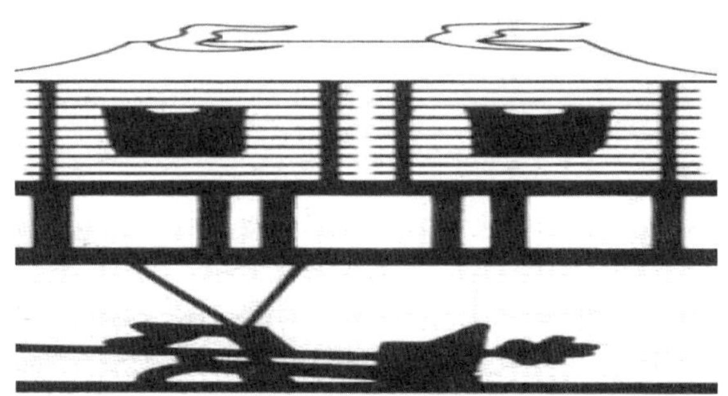

마선구 제1호분 벽화의 고상식 건축으로 우진각 지붕아래에 두채의 몸채를 가진 쌍창형 귀틀집이다.

여기 그림에 보이는 것이 바로 고구려인이 사용한 창고인 부경(桴京)입니다. 두더지나 쥐 같은 동물들의 침입을 예방하고, 비나 강설

로부터 보관된 물건을 건수하기 위한 2층으로 만들어진 독특한 구조의 보관시설입니다.

부경은 현재 집안의 집집마다 지어진 옥수수를 추수하여 갈무리하는 옥미창(玉米倉)으로, 이는 비교적 굵은 나무를 잘라 만든 기둥과 도리, 보 등으로 결구한 구조체를 바탕으로, 지면에서 상당히 높은에 판자를 깐 바닥과 판자로 마감한 벽체로 이루어진 고상구조의 창고입니다.

고구려의 독특한 창고 부경(桴京)

이 부경의 모습들은 고구려 고분 벽화에 묘사되어 있으며, 지금도 중국 동북지역의 민가에서 쉽게 볼 수 있습니다. 또한 고구려 부경은 일본지역에 거의 동일한 형태로 전파 되었던 것으로 추정하고 있으며, 지금도 일본에는 고구려의 부경과 같은 고상식 창고가 존재하고 있다고 합니다. 고상식 건축(高床式 建築)인 고구려의 桴京은 그 기능에 따라 사람이 거주하는 주거용과 곡물 등을 저장하는 창고용으로 구별할 수 있습니다. 주거용에 관련된 유적은 한반도에서는 주로 남방지역에서 볼 수 있으며, 창고로서의 고상식 건축은 지역에 관계없이 일찍 부터 한반도 전지역에서 발전되었던 건축형식으로 보고 있습니다[22].

5 외양간

고구려인들이 키운 가축으로는 소, 말, 개, 닭, 돼지 등이 있습니다. 그 중에서도 특히 소와 말은 재산상의 가치가 높은 데다 실생활에 쓰이는 일이 많아 아주 귀한 대접을 받았습니다.

외양간 모습 복원도

22) 고구려의 부경(桴京)에 관한 기록은 .『三國志』魏書 卷30 東夷傳 高句麗條에 "國中邑落 暮夜 男女群聚 相就歌戱 無大倉庫 家家自有小倉名之爲桴京"이라 하여 고구려에는 집집마다 '桴京'이라는 작은 창고가 있었다는 기록이 있다.

외양간을 그린 벽화를 보면, 통나무로 된 길 다란 구유 앞에 세 마리의 소가 나란히 서 있습니다. 검은 소, 누렁 소, 얼룩소입니다. 그 중 한 마리가 먹이를 먹다 말고 흘끗 뒤를 돌아보는 모습이 매우 익살스럽게 묘사되어 있습니다.
여기서 재미있는 것은 소들의 뿔이 한결같이 붉게 칠해져 있다는 사실입니다. 소는 식용뿐 아니라 수레를 끄는 용도로도 많이 쓰였는데, 아마 이 소들은 수레용이라 멋을 부린 게 아닌가 싶습니다.

마구간은 외양간과 비슷한 구도일 것입니다. 기마민족이었던 고구려인들은 말을 먹이는 일을 매우 중요하게 생각했습니다. 말은 평상시에는 사냥용으로, 전투 시에는 기마용으로 요긴하게 쓰였습니다. 주몽 신화에서 동명왕도 처음에 말먹이꾼이었습니다.

그는 금와왕의 아들들이 자기를 해치려는 것을 알고 부여를 탈출할 계획을 세웠습니다. 그리하여 미리 천리마를 골라 두고 남몰래 혀 밑에 바늘을 꽂아 놓았습니다.

말이 혀가 아파 먹이를 먹지 못해 형편없이 야위어지자, 금와왕은 그 말을 주몽에게 줘 버렸습니다. 주몽이 바늘을 뽑고 밤낮으로 정성껏 돌보자 그 말은 다시 준마가 되었습니다. 주몽은 말을 타고 부여를 도망쳐 비로소 고구려를 세웠던 것입니다.

6 우물

고구려 시대의 우물가 풍경을 매우 사실적으로 묘사한 그림입니다. 먼저, 화면 한가운데에 나무판으로 된 사각 틀의 우물이 보입니다. 오른쪽에 두 명의 여인이 있습니다. 한 사람은 우물에 바짝 붙어 서서 물을 긷는 모습이고, 또 한 사람은 쭈그리고 앉아 항아리에 손을 넣고 무언가를 씻고 있습니다.

그들 사이에 커다란 시루가 놓여 있는 것으로 봐서 음식을 준비하는 모양입니다. 맞은편에는 물동이 세 개가 놓여 있는데, 하나는 아래가 뚱뚱하고 위로는 입이 작은 반면, 나머지 두 개는 호리병 모양으로 가운데가 넓습니다. 또 우물 앞쪽을 잘 보면, 나무를 파서 만든 기다란 구유도 있습니다. 이 구유에 물을 담아 놓고 말이나 소를 데려와 목을 축이지 않았나 싶습니다.

우물 위에는 붉은 글씨로 '우물 정(井)' 자와 함께 '아광(阿光)' 이란 한자가 적혀 있는데, 무슨 뜻인지 정확하지가 않습니다. 현재 우리는 xx동(洞), ***동(洞)에 산다 합니다. 그런데 한자의 동(洞)은 같을 동(洞) 물 수(水)의 합자(合字)입니다. 아마 눈치 채셨지요... 같은 물을 먹고 사람들을 우리는 같은 동네 산다고 하였습니다. 또 이웃이라는 말도 합니다. 지금처럼 수도꼭지만 틀면 물이 나오는 시대에는 같은 강의 물을 먹으면 이웃이 됩니다.'한강물을 먹느냐

낙동강, 섬진강, 금강, 영산강이냐에 따라 이웃이 나누어지기에 지역 화합이 어려운가?'하는 생각을 해봅니다.

안악3호분 우물 복원도 사진

이 그림에서 특별히 눈여겨봐야 할 것은 화면 맨 왼쪽편의 지렛대입니다. 바닥에 튼튼히 박혀 있는 기둥 위에는 기다란 나무 막대가 비스듬히 걸쳐 있고, 그 끝에는 두레박으로 연결된 긴 줄이 있습니다.

반대편에는 균형추 역할을 하는 커다란 주머니 같은 것이 매달려 있는데, 이것은 두레박을 끌어올릴 때 무게를 덜기 위한 기계 장치입니다. 이런 지렛대 원리를 이용해 물을 길어 올리면 힘이 훨씬 덜 들었을 것입니다. 당시 고대인들의 생활의 지혜가 돋보이는 그림입니다.

16. 수산리 고분 벽화의 서커스 관람도

수산리 고분 재주꾼놀이 복원도 사진 ; 멋진 묘기를 선보이는 재주꾼들

손을 귀신같이 놀려 공놀이하는 걸 보니,
달과 별이 눈앞에 떠다니는 듯 어지럽구나.
의료 같은 재주꾼인들 이보다 나을소냐?
동해의 파도소리도 잠잠해지겠네.

이는 신라가 낳은 천재적인 지식인, 최치원이 지근 '금환(누런 공)'이란 시입니다. 그는 당시에 유행했던 민속놀이를 다섯 수의 시로 읊었는데, 이 시는 그 중 하나로 재주꾼이 공놀이 하는 모습을 보고 읊은 것입니다. 이 시에 나오는 의료는 옛날 중국 초나라 사람으로 공놀이를 무척 잘했다고 합니다. 공 아홉 개를 가지고 놀면, 여덟 개는 공중에 떠 있고 하나만 손에 있을 정도로 솜씨가 뛰어났습니다.

그래서 초나라와 송나라가 전쟁을 합니다가 그가 공놀이하는 것을 보느라 싸움을 멈추었다고 합니다. 이 일화를 빗대어 최치원은 구경꾼들이 공놀이에 넋이 빠진 모습을 보고 '동해의 파도소리도 잠잠해 지겠네.' 라고 표현했던 것입니다.

고구려 벽화에 당시의 공놀이를 짐작케 하는 그림이 있습니다. 한 재주꾼이 다섯 개의 공과 끝에 둥근 고리가 달린 세 개의 막대기를 엇바꾸어 던지는 묘기를 하고 있습니다. 그 앞에 긴 나무다리를 밟고 서서 걷는 재주꾼이 있고, 뒤쪽에는 둥근 바퀴를 가지고 노는 재주꾼도 있습니다. 이들이 마음껏 재주를 뽐내는 모습을 무덤의 주인공이 흐뭇한 표정으로 지켜보고 있습니다.

일전에 현재 대한민국 최고의 서커스단인 동춘서커스단의 책임자가 이 곳 온달관에 찾아오셔서 저글링하는 고분 벽화를 보시면서 "다른 건 몰라도 공과 막대기를 엇바꿔 던지는 묘기는 우리 단의 현재 실력으로는 불가능한 데... 공이면 공, 막대기면 막대기 생김새가 같아야 6개가 아니라 10개도 묘기를 부릴 수 있지만, 그림처럼 형체가 완연히 다른 막대기와 공을 엇갈리게 던지는 것은 매우 어려운 기술입니다."하시던 모습이 떠오릅니다.

그림에서 윤무를 하고 장대걷기, 저그링을 하는 인물들의 얼굴을 보십시오. 우리가 잘 아는 코리언이 아닙니다. 꼭 아리안족의 얼굴을 하고 있습니다. 눈이 크고, 코가 오똑합니다. 지금에서야 한류가 시작된 것이 아닌, 지금부터 1,500년 전에 이미 고구려는 세계 각국에서 그 곳에 가면 먹고 살 수 있다고 소문이 난 거대한 강국이었다는 반증을 보여주고 있는 벽화 중의 하나입니다.

지루하시지만 한 가지 더 말씀드릴 것이 있습니다. 서커스를 관람하는 고구려 귀족의 머리 위를 햇빛으로부터 가려주는 양산의 기둥 모양이 이상하질 않습니까? 곧지 않고 니은기역자(ㄱ)로 구부려져 있지요? 꼭 박쥐모양으로 생겼기에 박쥐우산이라고 말하는 학자들이 있습니다.

비올 때 우리가 쓰는 우산처럼 일자 모양의 우산기둥으로 높은 사람을 씌워주면 주인과 하인의 신체가 접촉이 이루어지고 설사 접촉은 피할 지라도 숨소리가 들릴 수 있는 50cm 이내의 거리에서 양산을 받히고 1시간 이상 같이 있으면 정분(情分)이 나기 쉽습니다. 고구려인들의 생활의 지혜로서'일부일처주의를 견지하자'. '스캔들을 사전에 예방 하자'이것입니다.

17. 장군총과 고구려 장례문화

고구려의 무덤은 특이합니다. 현재 우리들이 장례를 치루고 묘지를 만드는 것과는 다르게 땅을 파고 묻질 않았습니다. 대신 땅 위에 돌을 쌓아 묘단을 만들고 그 위에 장방형의 널방 대신 돌로 묘곽을 만들어 시신을 넣습니다. 돌이나 널로 잘 덮은 후 다시 돌을 쌓아(積石) 묘지를 만들었습니다.

역사서에는 고구려인들은 조상이 하늘에서 내려왔기에 죽은 후에 소생하여 하늘로 올라가기 용이하게 땅 속에 묻질 않았다고 합니다.

장군총 사진

여길 보세요. 소생하였을 때 사람이 나올 수 있는 구멍까지 만들어 놓았습니다. 그리고 계단으로 한 발 한 발 내려오라고 층계를 준비했습니다. 그런데 죽었던 사람은 아직까지 한 명도 나오질 않았지만 장례 시 같이 묻었던 금은보화를 도적질하는 사람들만 들락거렸답니다. 그래서 고구려 후기의 무덤에는 돌을 쌓는 방식에서 흙을 덮어 봉분을 만들었습니다. 그러나 이때에도 시신을 땅 속에 파묻지 않고 지상에 안치한 점은 고구려인의 환생기원을 버리지 않았다는 것을 알 수 있습니다.

자! 장군총이라고 일컫는 거대한 적석총을 보십시오. 한 변의 길이가 30m 둘레 120m, 높이 12m에 달하는 잘 보전된 동양의 피라밋입니다. 1.100여개의 돌로 7계단을 쌓아 만들고 무덤 위에는 제단을 보호하는 건축물도 있었답니다.

일명 단양 온달적석총 사진

위의 사진을 보십시요! 고구려 무덤형식의 적석총이 단양에 있습니다. 이곳에서 11Km 떨어진 영춘면 사지원리에 외롭게 버려져있는 문화재입니다. 한 변의 길이가 22m에 달하는 거대한 무덤을 단양군 영춘 사람들은 고구려 장군 온달의 무덤이라고 주장합니다. 몇 년 전에 단국대 박물관에서 발굴 작업을 벌였지만 이미 손을 탓는지 조그만 불상 1기 말고는 부장품을 찾아낸 것이 없습니다.

그 동네 어른들이 선조로부터 들은 이야기를 종합해 보면 같은 크기의 돌무지가 3개 있었습니다. 없어진 두 채 분에 있었던 납작하고 단단한 돌들은 구들장이나 돌담의 재료로 오래 전에 활용됐습니다.

요즈음에도 비가 안와 가물거나 동네에 우환이 있을 때에는 목욕재개하고 원하는 바를 기원합니다. 특히 "기우제를 지내면 꼭 비가 온다,"는 말씀에 힘을 주십니다. 마지막에 기우제를 지내면 비가 내린다는 말씀에 어떻게 그런 일이 있을 수 있느냐고 질문을 드리니 인디언 기우제와 같은 대답이 돌아왔습니다. "비가 올 때까지 동네사람들이 순번을 정해 기도를 드리니 비가 온다고 하는 거지 뭐..."

평양 진파리 4호분 무덤 사진 (북한에서는 이곳에 온달장군과 평강공주를 합장했다고 주장)

그런데 고구려 사람들이 만들어 놓은 무덤이 만주 집안에만 무려 1만 2천기가 넘고 평양 인근에도 1천여기가 발견되었지만, 무덤 주인 이름이 알려진 고분은 10기가 되질 않는 특이한 장례문화 덕택(?)에 장군총의 묘주도 우리는 상상만 할 수 있습니다.

광개토대왕 묘라고 주장하는 분, 장수왕 묘라 우기는 분 아직 결론이 나질 않았습니다. 다른 일 보다도 묘 자리 쓰는 데 총력을 기울였던 조선시대의 문화와는 대조적입니다.

18. 수레의 나라 고구려

여러분께 질문을 하나 드려볼까요? '조선 시대 임금들은 외출 시 무엇을 타고 다녔을까요?'그랬습니다. 사람들이 드는 가마를 탔습니다. 조선의 길은 너무 좁고 편편하지 못해 수레를 타기엔 너무 불편했을 겁니다.

당시에는 현재처럼 도로공사용 중장비가 없었기에 길을 만들기 위해선 많은 인력이 필요합니다. 삽, 곡괭이 그리고 흙을 운반하기 위한 삼태기가 동원될 뿐입니다. 조선의 리더십은 상대적으로 아주 약했고, 백성들의 동원은 힘들었기에 조선 시대 이 강토의 도로 사정은 아주 열악했을 것입니다.

그런데 고구려 귀족이 당당히 수레를 타고 행차를 하는 모형 앞에 관람객들이 웅성거립니다. 역사드라마를 보면 조선시대에는 임금이 행차를 할 때도 가마를 타는 데 왜 수레를 이용하지 않았을까?

그렇습니다. 조선시대에는 거의 수레를 탈 수 있는 도로가 없었다고 보면 됩니다. 그것은 조선 지도층의 리더십이 약했다고 생각하면 됩니다. 19C말 우리나라를 방문하여 조선을 외국에 널리 알려준《조선과 그 이웃나라들》이라는 저서를 남긴 영국 지리학자 이자벨라 비숍여사의 지적에도 당시 도로사정을 엿볼 수 있습니다.

수레를 타고 외출하는 고구려 귀족 디오라마 사진

겨우 지금 말하면 토끼길만 존재했다고 볼 수 있습니다. 생각해 보십시오. 지금처럼 토목공사 장비를 그 당시에는 갖추고 있지 못했습니다. 굴삭기나 페이로더 그리고 운반용 덤프트럭이 없었습니다. 삽과 곡괭이 그리고 고무래만 갖고 폭 6m 정도의 도로를 만들려면 얼마나 많은 연인원이 동원되었을까요. 중앙 정부의 강력한 통제력 없이는 불가능하다고 생각합니다.

하지만 고구려는 달랐습니다. 중국 사서에 다음과 같은 구절이 있습니다.

'고구려는 길이 얼마나 넓은지 중국의 도로는 앞에서 다른 수레가 올 경우 교행을 하려면 한쪽으로 비켜줘야 통행이 가능하지만 고구

려 길은 수레 두 대가 지체 없이 교행 할 정도로 넓고 평평합니다.'

한반도 북부지역인 황해도·압록강 이남지역에 산재한 고구려무덤에서 수레용 철제 부품들이 많이 출토되는 것을 보면 철제공구의 발달로 수레 제작이 활발했음을 짐작할 수 있습니다.
고구려가 육상교통에 수레를 많이 사용한 것은 여러 무덤의 벽화에서 수레를 중심으로 한 육상교통문화가 발달했다는 사실을 알 수 있습니다.

이뿐만 아니라 고구려건국사인 '동명왕편'을 보면 `고주몽의 아버지 해모수는 다섯 마리의 용이 끄는 수레(五龍車)를 타고 하늘에서 내려왔다`고 적혀 있습니다. 이렇게 신화에까지 등장할 정도로 수레는 일찍부터 고구려에서 왕과 귀족들의 교통수단으로 이용되었음을 짐작해볼 수 있습니다.

고구려벽화에서 나타난 수레그림

온전한 수레의 실물은 현재 거의 남아 있지 않지만 굴대통 등 철제 수레 부품들이 무덤에서 많이 발견되고 있으며 이런 수레의 그림들은 357년에서 6세기말까지의 고분벽화에서 많이 발견되었습니다.

이밖에도 고구려에서 수레를 사용한 기록은 여러 역사책에 남아 있습니다. 그 중 중국 당나라 사기인 '구당서 본기' 제5권에는 669년 5월 고구려와의 전투에서 이긴 당나라군대가 고구려인 2만8천200명을 데려갈 때 수레 1천80대, 소 3천300두, 말 2천900필을 함께 가져갔다고 적혀 있습니다. 이는 고구려 후기에도 수레를 많이 사용했음을 알 수 있는 기록입니다[23].

물론'당시 1년에 20일 정도의 무보수부역의 의무가 있었고, 정복전쟁으로 많은 노예를 확보할 수 있었기에 길을 닦는 것이 가능했다.'라는 추론을 할 수 있습니다.

보통 굴삭기 6W의 출력을 보면 135마력으로 굴삭기 1대가 약 270명의 인력을 대체할 수 있다고 합니다. 물론 연료만 제대로 공급하면 지치지도 않습니다. 하여튼 고구려의 동원능력은 상상을 초월할 정도입니다.

동맹이나 3월 3일 낙랑언덕에서의 사냥대회 등의 축제기간이 보름

---

23) [출처] 고구려의 교통 넓은 영토를 발판으로 수레·도로 발달 - 카라이프 - 대한민국 최고의 자동차 전문지 카라이프!

정도 장기간을 운영한 것은 백성들의 피로를 충분하게 풀 수 있을 정도로 의도적으로 길게 잡았다고 볼 수 있습니다. 농사짓고, 길쌈하고, 전쟁하고, 성 쌓고 길 만드는 고된 일에 대한 정부차원의 휴식 보상제도를 만들어 놓지 않았나 생각됩니다.

통행 수단으로서 고구려 귀족들이 수레를 이용하고 물자 수송에 수레를 사용한 흔적이 고분벽화에서도 많이 등장하는 것을 볼 때 고구려라는 고대 국가의 힘을 엿볼 수 있는 또 다른 장면입니다.

고구려의 수레는 쓰임새에 따라 형태와 종류가 다양했습니다. 신분의 높낮이에 따라 화려함의 정도가 달랐고, 사람이 타는 수레가 있는 하면, 짐을 옮기는 수레도 있었습니다.

고구려벽화에서 나타난 수레그림

기회가 있으면 고구려 고분벽화의 수레그림을 한번 보세요. 수레바퀴는 소몰이꾼의 키만 하고, 바퀴살도 매우 굵고 튼튼해 보일 것입니다. 아치형의 덮개를 씌운 짐칸은 물건을 싣기에 충분한 규모입니다. 사람이 탄 수레에는 보통 여러 명의 하인이 뒤따르는 데 비해 여기서는 달랑 소몰이꾼 한 명뿐이네요. 이 수레는 물건을 운반하는 짐차였던 게 분명하지요.

운반용 수레는 평상시에는 생활 물자를, 전쟁 시에는 군수 물자를 실어 나르는데 중요한 역할을 했을 것입니다. 뿐만 아니라 무거운 짐을 먼 곳까지 운반할 수 있어 다른 나라와의 무역 거래에도 크게 이바지했습니다.

안악 3호분 석실봉토벽화(디지털 복원)

안악3호분에 그려진 수레를 탄 나들이 행렬에서는 수레의 앞뒤로 마부와 시녀가 둘씩 있고, 그 뒤를 커다란 양산을 든 하인과 말을 탄 호위 무사가 따르고 있습니다. 수레의 모양을 눈여겨보면, 앞서 설명 드린 짐수레와 다르다는 게 느껴질 것입니다.

고구려의 수레는 짐과 사람을 태우는 것이 따로 있었을 뿐 아니라 남성용과 여성용의 구별도 있었습니다. 수레는 고구려인들의 중요한 교통수단이었으며, 동시에 문명의 수준을 가늠하는 중요한 척도가 되기도 했습니다.

수레가 발달했다는 것은 그것이 다닐 수 있는 넓고 큰 도로가 잘 정리되어 있었다는 뜻이기 때문입니다. 물질적 풍요와 강한 군사력의 토대 위에서 고구려인들은 편리한 생활을 했을 것입니다.

단양 여행

단양의 또 하나의 명물 수양개선사유물전시관을 어린이들에게 쉽게 설명합니다.

우리가 이 땅에 언제부터 살았을까요?
단양에 우리나라 문명의 발상지가 있다는 사실을 알고 계십니까?

단양은 예전부터 석회암지대로 동굴이 많아 사람들이 생활할 수 있는 집을 가질 수 있었고 큰 강물이 느리게 흘러 물고기를 잡아먹을 수 있는 우리생활의 삼요소인 의식주가 자동 해결된 복 받은 땅이었습니다. 남한에서 우리 인류의 조상들의 뼈가 발견된 곳이 4군데인데 그중의 2개가 단양 구낭굴, 상시바위그늘에서 찾아볼 수 있습니다.

따라서 역사이전 시대인 선사시대 공부는 단양 지방이 가장 다양합니다. 단양 수양개선사유물전시관에는 옛날 우리 조상들의 흔적과 도구의 실물을 구경할 수 있습니다. 재미난 사실은 동굴 속에서 발견된 뼈 중에는 원숭이 뼈나 코뿔소 뼈도 보입니다. 신기하지요 더운 지방에 사는 동물들의 뼈가 한반도에서 발견된다는 사실입니다.

요즘 사람들이 점점 지구가 더워진다고 말하는 이유를 전시관에서 설명들을 수 있습니다. 추운 빙하시대가 지나면 따뜻한 시대가 돌아옵니다.

문제를 하나 내 볼까요?
옛날에 우리 조상들이 어떻게 우리 인간보다 수십 배 큰 맘모스를 잡았을까요? 우리 조상은 불을 사용할 수 있다는 힌트를 드립니다.

문제의 정답을 알기 위해서는 단양에 오셔야합니다. 책을 보면 답이 있다고 말하는 친구도 있네요. 어려운 말 하나 할까요? 백문이불여일견'백번 듣는 것 보다 한번 보는 것이 더 낫다.'라는 뜻이지요. 높이가 8미터가 되는 털 맘모스의 실제 모습을 보여드릴께요.

수양개선사유물전시관에 있는 매머드

우리 수양개전시관에는 털 맘모스 말고도 구석기 사람들이 만들고, 직접 사용하던 깬석기가 많이 전시되어있고, 야외전시장에는 원시인 가족이 어린 아이를 데리고 집으로 돌아오는 모습이나, 멧돼지를 여러 명이 잡는 신비한 광경이 구석기 들판에 세워져 있습니다.

놀라운 사실 하나. 원시 시대인 이 만년 전에 대한민국 단양 수양개 석기공장에서 만든 돌 도구가 일본이나 러시아에 수출되었다면 믿으시겠습니까?

그 당시 51개의 석기공장의 모습이 여러분을 기다리고 있습니다.
단양에 오셔서 슬기로운 원시인과 한번 겨뤄보세요. 꼭...

PART 4.

고구려 정신의 계승

19. 고구려정신의 계승

고구려 사람들의 기개는 우리가 아는 한반도에 머무르지 않았습니다. 그들은 만주를 넘어 광활한 유라시아 대륙을 넘나들었습니다. 우리 역사상 가장 굳세고 강인함을 지녔던 국가 고구려!
웅혼한 기상을 지닌 고구려는 수나라, 당나라와의 전쟁에서도 보았듯이 결코 밀리지 않았고, 고분 벽화에서 보여주는 수준 높은 문화생활, 충분한 입을 거리, 먹을거리...

고구려가 한나라의 태원(현재 북경의 서쪽 지역)까지도 진출을 하였다는 삼국사기 및 후한서 고구려전의 기록이 존재함에도 불구하고 어처구니없게도 인정하지 않고 잘못 기록되었을 것이라는 논지를 펴고 있는 학자들도 있습니다. 한편 후한의 관구검이 고구려를 쳐들어온 기사는 고구려의 전체 역사가 몇 쪽에 불과한 국사교과서에도 버젓이 우리의 고난의 과거로 새겨져 고등학교를 졸업한 사람들은 거의 한나라 '관구검' 을 기억하는 실정에 개탄하게 됩니다.

온달전에서 시사해주는 강직함과 윤리성. 무엇 하나 부족함이 없던 고구려의 모습을 이제는 남북한 어디에서 찾아보아도 보이질 않아 가슴 답답함을 금할 수 없습니다. 수많은 학자들의 논의와 고민이 있었지만 고구려는 아직도 오늘을 살아가는 우리들에게 마음을 열어주지 않고 있습니다. 답답함의 해답을 구하여 애를 써보지만 지력과 표현이 미숙함을 자인하면서, 조선시대 천재학자 연암 박지원 선생의 열하일기 중 다음의 글이 있기에 옮겨 적습니다. 당대 고루한 학자들이 존명사상에 얽매여 아무런 실천도 없는 북벌책에 반하여 북학론을 주장했던 실사구시 학파의 꿋꿋함이 배어있는 글입니다.

때마침 봉황성을 새로 쌓는데 어떤 사람이, "이 성이 곧 안시성(安市城)입니다." 라고 한다. 고구려의 옛 방언에 큰 새를 '안시(安市)'라 하니, 지금도 우리 시골말에 봉황(鳳凰)을 '황새'라 하고 사(蛇)를 '배암(白巖)'이라 함을 보아서, "수(隋) · 당(唐) 때에 이 나라 말을 좇아 봉황성을 안시성으로, 사성(蛇城)을 백암성(白巖城)으로 고쳤다."는 전설이 자못 그럴싸하기도 하다. 또 옛날부터 전하는 말에, "안시성주(安市城主) 양만춘(楊萬春)이 당 태종(唐太宗)의 눈을 쏘아 맞히매, 태종이 성 아래서 군사를 집합시켜 시위(示威)하고, 양만춘에게 비단 백 필을 하사하여, 그가 제 임금을 위하여 성을 굳게 지킴을 가상(嘉賞)하였다." 한다.

그러므로 삼연(三淵) 김창흡(金昌翕)이 연경에 가는 그 아우 노가재(老稼齋) 창업(昌業)에게 보낸 시(詩)에,
천추에 크신 담략 우리의 양만춘님 / 千秋大膽楊萬春
용 수염 범 눈동자 한 살에 떨어졌네 / 箭射虬髯落眸子
라 하였고, 목은(牧隱) 이색(李穡)의 정관음(貞觀吟)에는,
주머니 속 미물이라 하잘것이 없다더니 / 爲是囊中一物爾

검은 꽃이 흰 날개에 떨어질 줄 어이 알랴 / 那知玄花落白羽 라 하였으니, '검은 꽃'은 눈을 말함이요, '흰 날개'는 화살을 말함이다. 이 두 노인이 읊은 시는 반드시 우리나라에서 옛날부터 전해 내려오는 이야기에서 나온 것이리라. 대개 당 태종이 천하의 군사를 징발하여 이 하찮은 탄알만 한 작은 성을 함락시키지 못하고 창황히 군사를 돌이켰다 함은 그 사실에 의심되는 바 없지 않거늘, 김부식(金富軾)은 다만 옛 글에 그의 성명이 전하지 않음을 애석히 여겼을 뿐이다.

대개 부식이 《삼국사기(三國史記)》를 지을 때에 다만 중국의 사서에서 한 번 골라 베껴 내어 모든 사실을 그대로 인정하였고, 또 유공권(柳公權 당의 학자요 서예가)의 소설(小說)을 끌어 와서 당 태종이 포위되었던 사실을 입증까지 했다. 그러나 《당서(唐書)》와 사마광(司馬光)의 《자치통감(資治通鑑)》에도 기록이 보이지 않으니, 이는 아마 그들이 중국의 수치를 숨기기 위한 것이 아닌가 싶다. 그러나 우리 본토에서는 옛날부터 전해 내려오는 사실을 단 한 마디도 감히 쓰지 못했으니, 그 사실이 미더운 것이건 아니건 간에 모두 빠지고 말았던 것이다.

나는, "당 태종이 안시성에서 눈을 잃었는지 않았는지는 상고할 길이 없으나, 대체로 이 성을 '안시'라 함은 잘못이라고 한다. 《당서》에 보면, 안시성은 평양서 거리가 5백 리요, 봉황성은 또한 왕검성(王儉城)이라 한다 하였으므로, 《지지(地志)》에는 봉황성을 평양이라 하기도 한다 하였으니, 이는 무엇을 이름인지 모르겠다.

또 《지지》에, 옛날 안시성은 개평현(蓋平縣 봉천부(奉天府)에 있다)의 동북 70리에 있다 하였으니, 대개 개평현에서 동으로 수암하(秀巖河)까지가 3백 리, 수암하에서 다시 동으로 2백 리를 가면 봉황성이다. 만일 이 성을 옛 평양이라 한다면, 《당서》에 이른바 5백 리란 말과 서로 부합되는 것입니다."라고 생각한다. 그런데 우리나라 선비들은 단지 지금 평양만 알므로 기자(箕子)가 평양에 도읍했다 하면 이를 믿고, 평양에 정전(井田)이 있다 하면 이를 믿으며, 평양에 기자묘(箕子墓)가 있다 하면 이를 믿어서, 만일 봉황성이 곧 평양입니다 하면 크게 놀랄 것이다.
더구나 요동에도 또 하나의 평양이 있었다 하면, 이는 해괴한 말이라 하고 나무랄 것이다. 그들은 아직 요동이 본시 조선의 땅이며, 숙신(肅愼) · 예(穢) · 맥(貊) 등 동이(東彝)의 여러 나라가 모두 위만(衛滿)의 조선에 예속되었던 것을 알지 못하고, 또 오라(烏剌) · 영고탑(寧古塔) · 후춘(後春) 등지가 본시 고구려의 옛 땅임을 알지 못하는 것이다.

아아, 후세 선비들이 이러한 경계를 밝히지 않고 함부로 한사군(漢四郡)을 죄다 압록강 이쪽에다 몰아 넣어서, 억지로 사실을 이끌어다 구구히 분배(分排)하고 다시 패수(浿水)를 그 속에서 찾되, 혹은 압록강을 '패수'라 하고, 혹은 청천강(淸川江)을 '패수'라 하며, 혹은 대동강(大同江)을 '패수'라 한다. 이리하여 조선의 강토는 싸우지도 않고 저절로 줄어들었다. 이는 무슨 까닭일까. 평양을 한 곳에 정해 놓고 패수 위치의 앞으로 나감과 뒤로 물리는 것은 그때그때의 사정에 따르는 까닭이다.

나는 일찍이 한사군의 땅은 요동에만 있는 것이 아니고 마땅히 여진(女眞)에까지 들어간 것이라고 했다. 무엇으로 그런 줄 아느냐 하면 《한서(漢書)》 지리지(地理志)에 현도(玄菟)나 낙랑(樂浪)은 있으나, 진번(眞蕃)과 임둔(臨芚)은 보이지 않는다.

대체 한 소제(漢昭帝)의 시원(始元) 5년(B.C. 82)에 사군을 합하여 2부(府)로 하고, 원봉(元鳳) 원년(B.C. 76)에 다시 2부를 2군(郡)으로 고쳤다. 현도 세 고을 중에 고구려현(高句麗縣)이 있고, 낙랑스물다섯 고을 중에 조선현(朝鮮縣)이 있으며, 요동 열여덟 고을 중에 안시현(安市縣)이 있다. 다만 진번은 장안(長安)에서 7천 리, 임둔은 장안에서 6천 1백 리에 있다. 이는 김윤(金崙 조선 세조(世祖) 때의 학자)의 이른바, "우리나라 지경 안에서 이 고을들은 찾을 수 없으니, 틀림없이 지금 영고탑(寧古塔) 등지에 있었을 것이다." 라고 함이 옳을 것이다.

이로 본다면 진번 · 임둔은 한말(漢末)에 바로 부여(扶餘) · 읍루(挹婁) · 옥저(沃沮)에 들어간 것이니, 부여는 다섯이고 옥저는 넷이던 것이 혹 변하여 물길(勿吉)이 되고, 혹 변하여 말갈(靺鞨)이 되며, 혹 변하여 발해(渤海)가 되고, 혹 변하여 여진(女眞)으로 된 것이다. 발해의 무왕(武王) 대무예(大武藝)가 일본(日本)의 성무왕(聖武王)에게 보낸 글월 중에, "고구려의 옛터를 회복하고, 부여의 옛 풍속을 물려받았다."
하였으니, 이로써 미루어 보면, 한사군의 절반은 요동에, 절반은 여진에 걸쳐 있어서, 서로 포괄되어 있었으니, 이것이 본디 우리 강토 안에 있었음은 더욱 명확하다.

그런데 한대(漢代) 이후로, 중국에서 말하는 패수가 어딘지 일정하지 못하고, 또 우리나라 선비들은 반드시 지금의 평양으로 표준을 삼아서 이러쿵저러쿵 패수의 자리를 찾는다. 이는 다름 아니라 옛날 중국 사람들은 무릇 요동 이쪽의 강을 죄다 '패수' 라 하였으므로, 그 이수가 서로 맞지 않아 사실이 어긋나는 것이다. 그러므로 옛 조선과 고구려의 지경을 알려면, 먼저 여진을 우리 국경 안으로 치고, 다음에는 패수를 요동에 가서 찾아야 할 것이다. 그리하여 패수가 일정해져야만 강역이 밝혀지고, 강역이 밝혀져야만 고금의 사실이 부합될 것이다. 그렇다면 봉황성을 틀림없는 평양이라 할 수 있을까? 이곳이 만일 기씨(箕氏) · 위씨(衛氏) · 고씨(高氏) 등이 도읍한 곳이라면, 이 역시 하나의 평양이리라 하고 답할 수 있을 것이다.

《당서》 배구전(裴矩傳)에, "고려는 본시 고죽국(孤竹國)인데, 주(周)가 여기에 기자를 봉하였더니, 한(漢)에 이르러서 사군으로 나누었다."

하였으니, 그 이른바 고죽국이란 지금 영평부(永平府)에 있으며, 또 광녕현(廣寧縣)에는 전에 기자묘(箕子墓)가 있어서 우관(冔冠 은(殷)의 갓 이름)을 쓴 소상(塑像)을 앉혔더니, 명(明)의 가정(嘉靖 명 세종(明世宗)의 연호) 때 병화(兵火)에 불탔다 하며, 광녕현을 어떤 이들은 '평양' 이라 부르며, 《금사(金史)》와 《문헌통고(文獻通考)》에는,

"광녕 · 함평(咸平)은 모두 기자의 봉지(封地)이다." 하였으니, 이로 미루어 본다면, 영평(永平) · 광녕의 사이가 하나의 평양일 것이요, 《요사(遼史 원(元)의 탁극탁이 씀)》에, "발해(渤海)의 현덕부(顯德府)는 본시 조선 땅으로 기자를 봉한 평양성(平壤城)이던 것을, 요(遼)가 발해를 쳐부수고 '동경(東京)' 이라 고쳤으니 이는 곧 지금의 요양현(遼陽縣)이다." 하였으니, 이로 미루어 본다면, 요양현도 또한 하나의 평양일 것이다.

나는, "기씨(箕氏)가 애초에 영평 · 광녕의 사이에 있다가 나중에 연(燕)의 장군 진개(秦開)에게 쫓기어 땅 2천 리를 잃고 차츰 동쪽으로 옮아가니, 이는 마치 중국의 진(晉) · 송(宋)이 남으로 옮겨감과 같았다. 그리하여 머무는 곳마다 평양이라 하였으니, 지금 우리 대동강 기슭에 있는 평양도 그 중의 하나일 것이다." 라고 생각한다.

그리고 저 패수도 역시 이와 같다. 고구려의 지경이 때로 늘기도 하고 줄기도 하였을 터인즉, '패수'란 이름도 따라 옮김이 마치 중국의 남북조(南北朝) 때에 주(州) · 군(郡)의 이름이 서로 바뀜과 같다. 그런데 지금 평양을 평양이라 하는 이는 대동강을 가리켜, "이 물은 '패수'다." 하며, 평양과 함경(咸鏡)의 사이에 있는 산을 가리켜, "이 산은 '개마대산(蓋馬大山)' 이다." 하며, 요양으로 평양을 삼는 이는 헌우낙수(軒芋濼水)를 가리켜, "이 물은 '패수'다." 하고, 개평현에 있는 산을 가리켜, "이 산은 '개마대산'이다." 한다. 그 어느 것이 옳은지 알 수는 없지만 반드시 지금 대동강을 '패수'라 하는 이는 자기네 강토를 스스로 줄여서 말함이다.

당(唐)의 의봉(儀鳳 당 고종(唐高宗)의 연호) 2년(677)에 고구려의 항복한 임금 고장(高藏) 고구려 보장왕(寶藏王)을 요동주(遼東州)도독(都督)으로 삼고, 조선왕(朝鮮王)을 봉하여 요동으로 돌려보내며, 곧 안동도호부(安東都護府)를 신성(新城)에 옮겨서 이를 통할하였으니, 이로 미루어 보면 고씨(高氏)의 강토가 요동에 있던 것을 당이 비록 정복하기는 했으나 이를 지니지 못하고 고씨에게 도로 돌려주었은즉, 평양은 본시 요동에 있었거나, 혹은 이곳에다 잠시 빌려 씀으로 말미암아 패수와 함께 수시로 들쭉날쭉하였을 뿐이었다.

그리고 한의 낙랑군 관아(官衙)가 평양에 있었다 하나 이는 지금의 평양이 아니요, 곧 요동의 평양을 말함이다. 그 뒤 승국(勝國 고려(高麗)) 때에 이르러서는, 요동과 발해의 일경(一境)이 모두 거란(契丹)에 들어갔으나, 겨우 자비령(慈悲嶺)과 철령(鐵嶺)의 경계를 삼가 지켜 선춘령(先春嶺)과 압록강마저 버리고도 돌보지 않으니, 하물며 그 밖에야 한 발자국인들 돌아보았겠는가?

고려는 비록 안으로 삼국(三國)을 합병하였으나, 그의 강토와 무력이 고씨의 강성함에 결코 미치지 못하였는데, 후세의 옹졸한 선비들이 부질없이 평양의 옛 이름을 그리워하여 다만 중국의 사전(史傳)만을 믿고 흥미진진하게 수 · 당의 구적(舊蹟)을 이야기하면서, "이것은 패수요, 이것은 평양이오." 라고 한다. 그러나 이는 벌써 말할 수 없이 사실과 어긋났으니, 이 성이 안시성인지 또는 봉황성인지를 어떻게 분간할 수 있겠는가?[24].

20. 왜 '치병적곡'인가?

성균관대학교 입구의 대성전을 비롯하여 방방곡곡의 좋은 터에는 향교가 있고 그 곳에는 어김없이 공자(孔子)가 배향되어 있습니다. 고구려의 영웅인 동명성왕, 대무신왕, 미천왕, 광개토대왕, 영양왕 등의 통치자와 명림답부, 을파소 및 창조리 등의 대신들과, 사해(四海)에 용맹을 떨친 온달, 을지문덕과 연개소문의 영정이나 위패를 모시는 고구려 위용자(偉容者) 사우(祠宇) 건립을 생각하면서 웅혼(雄渾)한 고구려의 향기가 흐르는 충북 단양에 내려왔지만 아직도 배향을 드리지 못하고 있습니다.

"고구려의 혼들에게 흠향하옵니다.
여러분들이 중원에서 호령하였듯이
지금 이 땅에도 복을 내리소서"

아직도 늦지 않았습니다. 고구려의 정신 "치병적곡(治兵積穀)"을 되찾기 위한 그 일보를 어상천면 단양연수원 일명 삼족오(三足烏)연수원에서 내딛겠습니다.

'국민이 믿음이 가질 때, 민족에게는 희망이 생기고, 비로소 국가는 힘을 가질 수 있다'고 해석이 가능합니다. 그렇습니다! 정부와 국민

---

24) 박지원 김연호 역『열하일기』, 하서출판사, 2003, pp55~61

간에 믿음이 없으면 희망도 없고 국가도 힘을 가질 수 없습니다. 역사학자들이 인용을 잘하는『삼국지』 위서 동이전 고구려 기사에 '고구려 사람은 깨끗한 것을 좋아하며, 걸을 때에는 모두 달음박질을 치듯 빨리 간다.'고 했습니다.

깨끗함은 지속적인 성실한 생활에서 얻어지는 결과입니다. 우리는 성실한 민족이었습니다. 그렇지만 국가의 지도자들이 리더십이 없고 소통의 능력이 부족하고, 통치자들이 청렴결백과 거리가 있을 때 당시 국민들은 정부를 외면했습니다.

이웃 나라 중국 북경 시내, 자금성에서 별로 떨어지지 않은 거리에 다음과 '인민유신앙 민족유희망 국가유역량'을 호소하는 플랜카드가 걸려있었습니다. 버스 안에서 갑자기 찍은 사진이라 구도는 엉망이지만 내용이 의미심장합니다.

'인민유신앙 민족유희망 국가유역량'을 호소하는 북경 시내의 플랭카드

고구려로부터 물려받은 고유의 좋은 습성이 발현될 수 있도록 국가 지도자들은 각성해야 합니다. 이는 비단 필자 생각뿐만 아니라, 1894년을 한국을 방문하여『Korea and her neighbours '한국과 그 이웃들'이란 책을 펴낸 이자벨라 비숍이 그녀의 책에서 '한국의 백성은 **정직한 정부** 밑에서 **생활을 보호받을 수만 있다면** 진정한 의미의 **일등 시민으로 발전**할 수 있다.'라고 지적했다는 사실을 상기해 드립니다[25].

우리는 고구려인들이 갖고 있었던 신의와 기력, 성실함을 본받아야 합니다. 그래서 우리 후손들에게 희망을 주어야합니다. 그러면 국가는 자연적으로 강력한 힘을 가지게 됩니다. 국민들이 기력과 성실함을 근본으로 성장할 때 우리나라는 엄청난 에너지를 갖게 됩니다. 그러면 주변의 중국, 일본, 러시아 및 미국과 같은 강대국도 우리에게 어쩔 수 없이 우호의 메시지를 보낼 것입니다.

박상영 선수가 2016년 리우 올림픽 펜싱 에페 부문 금메달을 따 우리 국민 전체에게 큰 기쁨을 주었습니다. 그런데 도하 매스컴에서는 정신력의 승리를 강조하고 있지만, 필자의 생각은 조금 다릅니다.
절체절명의 순간에 박 선수가 엄청난 정신력과 집념을 보여준 것은 사실입니다. 그러나 전 세계 펜싱 선수 중에서 가장 빠른 '발놀림'의 능력을 갖고 있었고, 박 선수의 야심찬 '플래싱' 공격은 아무리

25) 이자벨라 버드 비숍, 이인화 역, 『한국과 그 이웃나라들』 도서출판 살림, 1994, pp276~

노련한 선수도 수비할 수 없는 탁월한 공격 기술을 준비하였기에, 다시 말해서 **치병적곡이 철저하였기에, 투혼을 발휘**할 수 있었고 결과적으로 세계의 그 분야 1인자가 될 수밖에 없었다고 생각합니다.

박상영 선수의 금메달 확정 후 포효하는 모습 (출처 : 조선일보)

다시 한 번 강조합니다. 고구려가 수나라의 침공에 철저한 '치병적곡'을 하였기에 700년이 넘는 국가 존속을 유지할 수 있었듯이 우리는 의연한 자세로 중국을 비롯한 외세에 능동적으로 대처하고, 우리의 국력을 탄탄하게 길러야하는 시기입니다. 우리 국민들은 서로 신뢰하고 분수를 지키며 치병적곡의 정신무장을 올바르게 하여야 합니다.

정부의 정책담당자에게도 감히 간곡하게 요청드립니다. 정론과 정언

그리고 신의를 가지고 국민을 대했던 고구려와 같이 심신이 올바른 국민들과 답이 나올 때까지 끈기 있게 소통하십시오. 그리고 능력과 윤리성을 겸비한 인재를 찾아 적재적소에 발탁하는 데 주저하지 마십시오.

마지막으로 대다수의 국민들이 납득하고 이해할 수 있는 정책을 심사숙고하여 집행하여 나라의 진정한 주인인 국민들에게 믿음을 주십시오. 희망찬 대한민국의 미래는 바로 고구려에 답이 있음을 다시 한 번 강조드리며 갈무리하고자 합니다.

고구려 오녀산성

부 록

온달전 삼국사기 원문과 직역한 해석문

광개토대왕비 관련 논문

단양 적성비 해석문

부록 1 : 온달전 삼국사기 김부식의 원문과 직역한 해석문

『溫達 高句麗平岡王時人也 容貌龍鐘可笑 中心則睟然 家甚貧 常乞食以養母 破衫弊履 往來於市井間 時人目之爲愚溫達 平岡王少女兒好啼 王戲曰 汝常啼常我耳 長必不得爲士大夫妻 當歸之愚溫達 王每言之 及女年二八 欲下嫁於上部高氏 公主對曰 大王常語 汝必爲溫達之婦 今何故改前言乎 匹夫猶不欲食言 況至尊乎 故曰 王者無戲言 今大王之命 謬矣 妾不敢祗承 王怒曰 汝不從我教 則固不得爲吾女也 安用同居 宜從汝所適矣』

온달(溫達)은 고구려 평강왕(平岡王) 때 사람입니다. 용모는 구부정하고 우스꽝스럽게 생겼지만 마음씨는 빛이 났습니다.

집안이 몹시 가난하여 항상 밥을 빌어 어머니를 봉양하였습니다. 떨어진 옷과 해진 신발을 걸치고 시정(市井) 사이를 왕래하니, 당시 사람들이 그를 '바보 온달' 이라고 불렀습니다.

평강왕의 어린 딸이 울기를 잘하니 왕이 놀리며 말했습니다.
"네가 항상 울어서 내 귀를 시끄럽게 하니, 자라면 틀림없이 사대부의 아내가 못되고 바보 온달에게나 시집을 가야 되겠다."
왕은 매번 이런 말을 하였습니다.

딸의 나이 16세가 되어 왕이 딸을 상부(上部, 동부) 고씨에게 시집

보내고자 하니, 공주가 왕에게 말하였습니다.

“대왕께서 항상 말씀하시기를 ‘너는 반드시 온달의 아내가 되리라.’ 고 하셨는데, 이제 무슨 까닭으로 전날의 말씀을 바꾸십니까? 필부도 거짓말을 하려 하지 않는데 하물며 지존께서야 더 말할 나위가 있겠습니까?
그러므로 ‘왕 노릇 하는 이는 실없는 소리를 하지 않습니다.’ 라고 하는 것입니다. 지금 대왕의 명이 잘못되었으니 소녀는 감히 받들지 못하겠습니다.”

왕이 노하여 말했습니다.
“네가 나의 가르침을 따르지 않는다면 진정 내 딸이 될 수 없다. 어찌 함께 살 수 있겠느냐? 너는 네 갈 데로 가거라.”

『於是 公主以寶釧數十枚繫肘後 出宮獨行 路遇一人 問溫達之家 乃行至其家 見盲老母 近前拜 問其子所在 老母對曰 吾子貧且陋 非貴人之所可近 今聞子之臭 芬馥異常 接子之手 柔滑如綿 必天下之貴人也 因誰之侜 以至於此乎 惟我息 不忍饑 取楡皮於山林 久而未還 公主出行 至山下 見溫達負楡皮而來 公主與之言懷 溫達悖然曰 此非幼女子所宜行 必非人也 狐鬼也 勿迫我也 遂行不顧 公主獨歸 宿柴門下 明朝 更入 與母子備言之 溫達依違未決 其母曰 吾息至陋 不足爲貴人匹 吾家至窶 固不宜貴人居 公主對曰 古人言 一斗粟猶可舂 一尺布猶可縫 則苟爲同心 何必富貴然後 可共乎 乃賣金釧 買得田宅奴婢牛馬器物 資用完具』

이에 공주는 보석 팔찌 수십 개를 팔꿈치에 걸고 궁궐을 나와 혼자 길을 떠났습니다. 길에서 어떤 사람을 만나 온달의 집을 물었습니다. 그의 집에 이르러 눈먼 노모를 보고 가까이 다가가 인사하며 아들이 있는 곳을 여쭈었습니다. 늙은 어머니가 대답하였습니다.

"내 아들은 가난하고 보잘 것이 없으니 귀인이 가까이 할 만한 사람이 못됩니다. 지금 그대의 냄새를 맡아보니 향내가 보통이 아니고, 그대의 손을 만져보니 매끄럽기가 솜과 같으니, 필시 천하의 귀인인 듯합니다. 누구의 꾐에 빠져 이곳까지 오게 되었습니까? 내 자식은 굶주림을 참다못해 산 속에 느릅나무 껍질을 벗기러 간 지 오래되었는데 아직 돌아오지 않고 있습니다."

공주가 그 집을 나와 산 밑에 이르렀을 때, 온달이 느릅나무 껍질을 지고 오는 것을 보았습니다. 공주가 그에게 자기의 생각을 이야기하였습니다. 온달이 불끈 화를 내며 말했습니다.

"이는 어린 여자가 하기에 마땅한 행동이 아니니, 필시 너는 사람이 아니라 여우나 귀신일 것이다. 나에게 가까이 오지 말라!"
온달은 마침내 돌아보지도 않고 가버렸습니다. 공주는 혼자 돌아와 사립문 밖에서 자고, 이튿날 아침에 다시 들어가서 모자에게 자세한 사정을 이야기하였습니다. 온달이 우물쭈물하며 결정을 내리지 못하자 그의 어머니가 말하였습니다.

"내 자식은 지극히 비루하여 귀인의 짝이 될 수 없고, 우리 집은 몹시 가난하여 진실로 귀인이 살기에 적당하지 않습니다."

공주가 대답하였습니다.
“옛 사람의 말에 ‘한 말의 곡식도 방아를 찧을 수 있고, 한 자의 베도 바느질할 수 있다.’ 고 하였으니, 단지 마음만 맞으면 되지 어찌 꼭 부귀한 다음에라야 함께할 수 있는 것이겠습니까?”

이윽고 공주가 금팔찌를 팔아 밭과 집, 노비와 소, 말과 기물 등을 사니 살림살이가 모두 갖춰졌습니다.

『初 買馬 公主語溫達曰 愼勿買市人馬 須擇國馬病瘦而見放者 而後換之 溫達如其言 公主養飼甚勤 馬日肥且壯 高句麗常以春三月三日會獵樂浪之丘 以所獲猪鹿 祭天及山川神 至其日 王出獵 群臣及五部兵士皆從 於是 溫達以所養之馬隨行 其馳騁 常在前 所獲亦多 他無若者 王召來 問姓名 驚且異之』

처음 말을 살 때 공주가 온달에게 말했습니다.
“부디 시장 사람의 말을 사지 마시고, 나라에서 키우던 말 중에서 병들고 파리해져 쫓겨난 말을 골라 사십시오.”

온달이 그 말대로 하였습니다. 공주가 부지런히 기르고 먹이니, 말은 날로 살찌고 건장해졌습니다. 고구려에서는 해마다 봄 3월 3일이면 낙랑(樂浪) 언덕에 모여 사냥해서, 잡은 돼지와 사슴으로 하늘과 산천의 신령께 제사를 지냈습니다. 그 날이 되어 왕이 사냥을 나가는데 여러 신하와 5부의 병사들이 모두 따라갔습니다. 이때 온달도 자기가 기른 말을 타고 수행하였는데, 그의 말달리는 게 항상 앞서고, 잡은 짐승 또한 많아서 다른 사람이 따를 수가 없었습니다. 왕이 불러서 성명을 묻고는 놀라며 기이하게 여겼습니다.

『時 後周武帝出師伐遼東 王領軍逆戰於拜山之野 溫達爲先鋒 疾鬪斬數十餘級 諸軍乘勝奮擊大克 及論功 無不以溫達爲第一 王嘉歎之曰 是吾女壻也 備禮迎之 賜爵爲大兄 由此 寵榮尤渥 威權日盛』

이때 후주[後周 : 원본에 후주로 되어있으나 역사적으로는 북주(北周)임]의 무제(武帝)가 군사를 내어 요동(遼東)에 쳐들어오자, 왕은 군대를 거느리고 배산(拜山)의 들에서 맞아 싸웠습니다. 온달이 선봉이 되어 날래게 싸워 수십여 명의 목을 베니, 모든 군사들이 승세를 타고 떨쳐 공격하여 크게 이겼습니다.

공로를 논할 때 온달을 제일이라고 하지 않는 사람이 없었습니다. 왕이 그를 가상히 여기어 감탄하며 "이야말로 내 사위다."라 하고, 예를 갖추어 그를 영접하고 벼슬을 주어 대형(大兄)으로 삼았습니다. 이로부터 왕의 총애가 더욱 두터워졌으며, 위엄과 권세가 날로 융성해졌습니다.

『及陽岡王[陽岡王 當作嬰陽王]卽位 溫達奏曰 惟新羅 割我漢北之地爲郡縣 百姓痛恨 未嘗忘父母之國 願大王不以愚不肖 授之以兵 一往必還吾地 王許焉 臨行誓曰 鷄立峴竹嶺已西 不歸於我 則不返也 遂行與羅軍戰於阿旦城之下 爲流矢所中 路而死 欲葬 柩不肯動 公主來撫棺曰 死生決矣 於乎 歸矣 遂擧而窆 大王聞之悲慟』

양강왕(陽岡王)[영양왕(嬰陽王)의 잘못]이 즉위하자 온달이 아뢰었습니다.
"지금 신라가 우리의 한수 이북의 땅을 차지하여 자기들의 군현으로 삼으니, 그곳의 백성들이 애통하고 한스럽게 여겨 한시도 부모의 나라를 잊은 적이 없사옵니다. 바라옵건대 대왕께서 저를 어리석고 불초합니다 여기지 마시고 병사를 주신다면 한번 쳐들어가 반드시 우리 땅을 도로 찾아오겠나이다."

왕이 이를 허락하였습니다. 온달이 길을 떠날 때 맹세하며 말했습니다.
"계립현(鷄立峴)과 죽령(竹嶺) 서쪽의 땅을 우리에게 되돌리지 못한다면 돌아오지 않으리라!"

마침내 떠나가 아단성(阿旦城) 밑에서 신라군과 싸우다가 날아오는 화살에 맞아서 전사하고 말았습니다. 장사를 지내려 하는데 관이 움직이지 않았스니다.
공주가 와서 관을 어루만지면서 말했습니다.
"죽고 사는 것이 이미 결정되었으니, 아아! 돌아가십시다."
드디어 관을 들어 묻을 수 있었습니다. 대왕이 이를 듣고 비통해 하였습니다.

부록 2 : 광개토대왕비 관련 논문

『고구려 역사에서 획기적 전환점을 만든 광개토대왕의 업적이 새겨진 광개대왕비의 설명은 고구려사 연구의 거두이신 盧泰敦(노태돈) 교수의 명쾌한 개관 설명과 해석문으로 대신합니다. 아울러 감사의 말씀을 올립니다.』

1. 개관

1-1 비(碑)의 상태

「國岡上廣開土境平安好太王陵碑(국강상광개토경평안호태왕능비)」는 장수왕 3년(414)에 세워졌다. 능비는 중국의 吉林省 集安縣 太王鄕 九華里 大碑街(길림성 집안현 태왕향 구화리 대비가)에 서 있다. 능비의 서남쪽 약 200m 지점에 태왕릉이 있고, 동북쪽 약 1.3km에 장군총이 있다.

비석은 자갈돌이 중간 중간에 박혀 있는 凝灰岩(응회암)인데, 별로 많이 가공치 않은 자연석 그대로의 장방형 기둥모양을 하고 있다. 높이는 6.39m이며, 윗면과 아래면이 약간 넓고 허리부분이 약간 좁은 모양을 하고 있다. 아래 부분의 너비로 계산하면, 제1면(동남방향)이 1.48m, 제2면(서남방향)이 1.35m, 제3면(서북방향)이 2.00m, 제4면(동북방향)이 1.46m이다. 비의 基壇(기단)은 길이 3.35m, 너비 2.7m의 화강암으로서, 여기에 홈을 파고 능비를 세웠다.

비석 각 면의 외곽에 홈을 파서 비문이 들어갈 윤곽을 긋고, 다시 그 내에 세로선을 그어 각 행을 표시하였다. 1면이 11행, 2면이 10행, 3면이 14행, 4면이 9행으로 모두 44행이며, 글자는 1,775자로 여겨진다. 이중 150여 자가 판독 불능 상태이다.

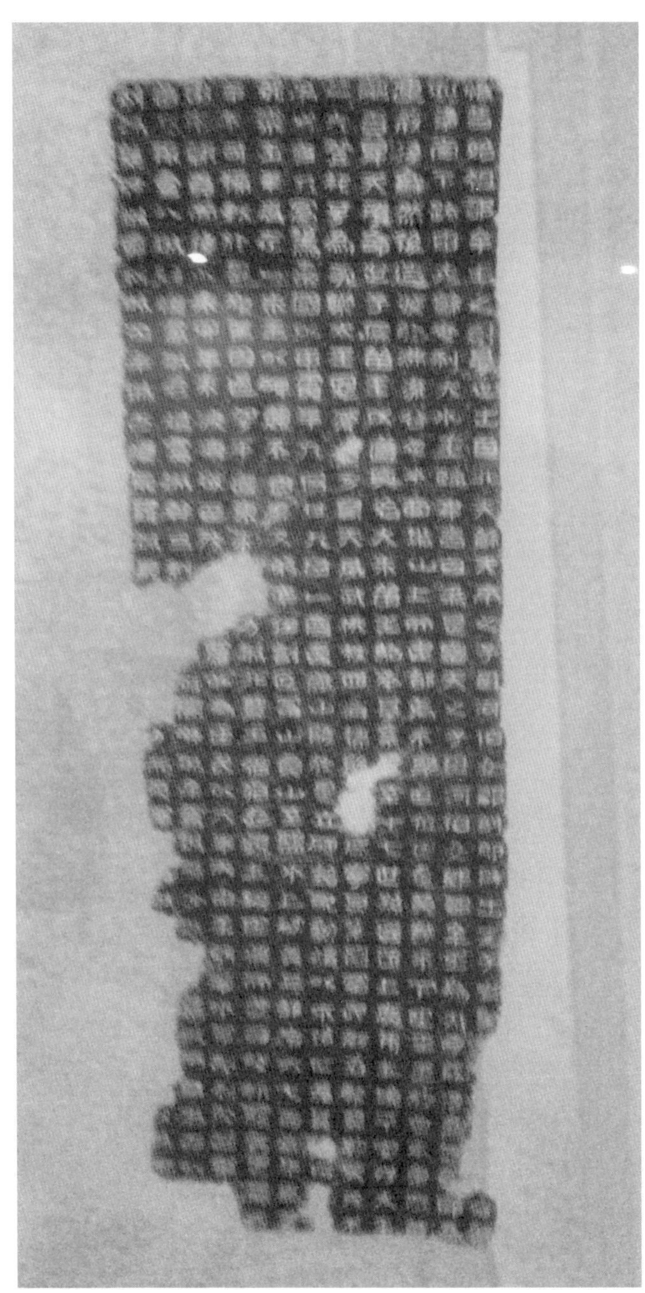

광개토대왕비 1면

비문의 서체는 隸書(예서)이다. 그러면서도 草·楷(초·해)의 각체가 부분부분 반영되어 혼합되어 있음을 보여준다. 자형은 正方形(정방형)을 견지하고 있다. 글자의 크기는 균등하지 못해서 큰 것은 길이가 16cm, 작은 것은 약 11cm 정도이다. 다수의 글자는 14~15cm 정도이며, 배합과 간격은 비교적 균등하다.

비문의 내용은 세 부분으로 구성되어 있다. 첫 부분은 고구려국의 기원 전설 및 추모왕, 유류왕, 대주류왕 등 3대의 왕위계승과 광개토왕의 행장에 대한 간략한 기술로 되어 있다. 둘째 부분에는 광개토왕 일대에 행해진 정벌 활동을 담은 훈적을 기술하였다. 셋째 부분에선 능비의 수호를 위한 守墓人(수묘인)의 숫자와 그 출신지 및 그에 관계된 슈(영)을 새겨 놓았다.

이 가운데 어느 부분을 중시하느냐에 따라 비문의 성격을 勳績碑(훈적비), 神道碑(신도비) 또는 守墓碑(수묘비) 등으로 규정하는 등 說(설)이 분분하였다. 그런데 이와 유사한 형식의 비는 여타의 예가 알려진 바가 없다. 세 요소 모두를 포괄하고 있는 독특한 형식이며, 그 성격 또한 그러하다.

능비의 비면은 1880년 무렵 재발견된 이후 이끼와 넝쿨을 제거키 위해 지른 불에 의해 크게 손상을 입었다. 그 뒤 거듭된 탁본과 석회를 발라 문자를 보수하는 등의 作爲(작위)에 의해 적지 않은 글자가 탁손되었다. 비신 자체도 천 수백 년의 오랜 풍우와 화재로 풍화되고 균열이 생겼다. 정상부에 균열이 있고, 비신 내부에도 균열이 생겨, 두드리면 궁궁하는 소리가 울려온다고 한다. 곧 비신 내부에 空洞(공동)이 생긴 것이다.

능비의 보호를 위해 1928년 목조 비각을 세웠는데, 그것을 허물고 다시 1983년 새로 비각을 세웠다. 그리고 1965년 中國文物保護硏

究所(중국문물보호연구소)에서 비신 정상부의 균열부위를 통해 합성수지 에포킨 등의 접착제를 주입하였다.
그러나 비신의 밑 부분에서 공음(孔音)이 여전히 들려 균열된 부분이 완전히 접착되지 못한 상태라서, 1976년과 1979년 두 차례 더 접착제를 주입하였다. 1961년 이래「광개토왕릉비」를 포함하여 集安平野(집안평야)의 古墓郡(고묘군)이 중국의 全國重點文物保護單位(전국중점문물보호단위)로 지정되어 오고 있다.

1-2 능비에 대한 옛 기록

능비가 우뚝 서 있는 국내성 지역은 고구려가 평양으로 천도한 뒤에도 別都(별도)로서 정치·문화의 주요 중심지였다. 고구려 멸망 후 발해의 영역이 되어 이곳에 桓州(환주)가 설치되었고, 집안지역의 고분 중에는 발해시대에 축조된 것이 적지 않다.
그 후 이곳은 金代(금대)에는 東京道(동경도)의 婆速府(파속부) 관할 아래 있었고, 元代(원대)에는 東寧路(동녕로)에 속하였는데, 변경의 벽지에 불과하였다. 고려 측의 기록에도 이곳에 관한 것이 보이지 않는다. 역사의 주요 무대에서 벗어나 산간 오지로 되어갔다.
그러다가 고려 말기 공민왕 18년(1369) 12월에 조정에서 일만 오천의 군사를 보내 원의 동녕부를 공격케 하니, 이듬해 정월 이성계 등이 于羅(五女)山城(우라(오녀)산성)을 공략하였다.
국내성지역은 일시 고려군의 장악 하에 들어갔었다. 이때 고려인이 이 지역에 대해 알게 된 지식은 뒷날 용비어천가에 반영되어졌다. 즉 조선왕조 세종대에 왕실 조상의 위업을 기리기 위해 용비어천가를 편찬하였는데, 그 39장에서 이성계의 동녕부 원정의 공적을 찬송하면서 그 註解(주해)에 집안지역에 황성이 있고 그 북쪽 7리 되는 곳에 큰 비석이 있다고 하였다.

이것이 414년 이후 처음 확인되는 능비에 대한 기록이다. 이어 『東國輿地勝覽(동국여지승람)』에서도 이 지역을 皇城坪(황성평)이라 하였고, 장군총을 皇帝墓(황제묘)라고 하였다. 또한 成俔(성현), 沈光彦(심광언) 등과 같은 조선 사대부들이 만포진에 들려, 강 건너 집안지역의 성과 古碑(고비) 및 石塚(석총) 등을 바라보며, 皇城(황성)의 폐허와 국경의 정경에 대한 감회를 담은 시를 남기었다. 그러나 그 유적을 여진족의 金의 것으로 여기었다. 당시 15세기 이후 여진족의 建州野人(건주야인)들이 이 지역에 옮겨와 거주하고 있었기 때문에 의심치 않았던 것 같다. 조선 후기에 제작된 西北界(서북계)에 관한 각종 지도에서도 이곳의 지명을 皇城坪(황성평)이라 하였으며, 계속 金(금)의 古都(고도)로 여겼던 것 같다.

1-3 능비의 再發見(재발견)

17세기 이후 청의 封禁政策(봉금정책)에 따라 이 지역은 사실상 주민이 살지 않았다가, 19세기 후반 이후 인구의 유입과 개간이 진행되었다. 그에 따라 1876년에 懷仁縣(회인현)이 설치되었다. 이어 1880년 무렵 「광개토왕릉비」가 재발견되었다. 발견 당시 능비의 표면은 두터운 이끼로 덮혀 있었는데, 이를 소똥을 발라 불을 질러 태워서 제거하였다. 그에 따라 碑面(비면)에 큰 손상이 가해졌다.

능비의 재발견 이후 拓本(탁본)이 행해졌으나, 비면의 요철이 심하고 탁본 재료와 기술의 부족으로 原石 精拓(원석 정탁)이 이루어지지 못하였다. 행해진 것은 비면에 종이를 붙이고 가볍게 두드려 글자의 윤곽을 뜬 뒤 글자가 없는 자리에 먹을 칠하는 이른바 雙鉤加墨本(쌍구가묵본)이거나, 또는 글자의 윤곽을 模寫(모사)한 뒤에

빈 자리에 묵을 칠하는 墨水廓塡本(묵수각진본)이었다.
이러한 것은 자의적이든 아니든 간에 글자에 대한 誤讀(오독)이나 조작이 가능한 것이다. 그 뒤 북경의 금석문 애호가들에게 능비의 존재가 알려져, 1880년 후반 전문 拓工(탁공)을 북경에서 파견해 原石 拓本(원석 탁본)을 뜨게 하였다. 현재 알려진 원석 탁본 중 그 제작 연대를 명기한 跋文(발문)이 있는 것으로서는 任昌淳(임창순) 소장본이 유명하다. 1889년 李雲從(이운종)이 탁본한 것이다.
그 뒤 언젠가부터 능비에 石灰(석회)가 발라졌고, 그런 상태에서 탁본이 행해졌다. 20세기 이후의 것은 이러한 石灰拓本(석회탁본)이었다. 한편 1907년에는 일본군이 능비를 일본으로 반출하려는 기도가 있었다.

1-4 능비 연구사

능비의 내용 자체에 대해 먼저 본격적인 관심을 보였던 것은 일본 측이었다. 1880년 청에 파견된 일본 육군의 스파이 사코우 카게아끼(酒勾景信) 중위가 집안지역으로부터 능비의 雙鉤加墨本(쌍구가묵본)이라기도 하고 墨水廓塡本(묵수각진본)이라기도 하는 것을 가지고 1883년 일본으로 돌아갔다.
이어 약 5년간 일본 육군참모본부에서 비문에 관한 연구가 비밀리에 진행되어, 1888년 그 결과를 세상에 공포하였다. 그 뒤 일본인 학자들에 의한 연구가 이어졌다. 그 주된 관심은 辛卯年條(신묘년조)를 중심으로 한 고대한일관계사의 측면이었고, 능비는 이른바 任那日本府說(임나일본부설)을 뒷받침하는 결정적 증거로 강조되었다.
한편 중국학계에서도 능비에 대한 관심은 지속되었으나, 역사연구와 결부된 본격적인 논의는 미미하였다.

우리 학인들의 능비에 대한 거론은, 1910년대에 申采浩(신채호)의 현지답사와 간략한 언급이 있었다. 그 뒤 아마도 1930년대 말에 쓰여진 것으로 여겨지는 鄭寅普(정인보)의 연구가 이에 대한 본격적인 첫 시도였다. 정인보의 연구는 신묘년조의 기사를 일본학계의 통설과는 달리, '渡海破(해도파)'의 주어를 고구려로 보아 재해석하는 것이었고, 이른바 '南鮮經營論(남선경영론)'을 전면 부정하는 것이었다.

해방 후 능비연구는 당분간 별다른 진전이 없었다. 일본학계에선 『日本書紀(일본서기)』에 대한 연구를 위시한 戰前(전전)의 일본 고대사연구에서 보인 문제점들에 대한 광범위한 자체 비판이 있었으나 「광개토왕릉비문」은 소위 임나일본부설을 뒷받침하고 일본 고대국가 발달과정을 증언하는 부동의 지표로서 간주되어, 그 존재와 그리고 비문의 내용에 대한 기존의 일본학계의 통설이 더욱 강조되어졌다.

그런 가운데서도 미즈타니 테이지로우(水谷悌二郞)이 능비의 판독을 정밀히 한 「好太王碑考(호태왕비고)」를 발표하여(1959), 능비연구에 새로운 문제점을 제기하였다. 그 뒤 60년대 중반 북한학계에서 정인보의 학설을 계승한 박시형의 능비에 관한 본격적인 연구서가 발표되었다.

이는 고대한일관계사에 대한 근본적인 재인식을 촉구하는 김석형의 『초기조일관계사』와 함께, 능비에 대한 재론을 촉발하였다. 그런 면은 이진희의 비문조작설의 발표에 의해 증폭되었다. 특히 이진희의 설은 능비 연구의 출발점인 비문 판독 자체에 대한 문제를 제기함에 따라, 광범위한 반응을 불러일으켰다.

이후 능비의 발견 경위, 각종 현전 탁본이 만들어진 시기, 비문 조작여부, 판독상의 문제, 비문 해석상의 문제 등등 능비에 관한 여러 측면이 재론되게 되었고, 그리고 현장답사와 능비의 재조사, 각종 원석 탁본에 대한 검토 등이 행해졌다.

그에 따라 王健群(왕건군), 다케다 유키오(武田幸男) 등의 저서와 많은 논문들이 남북한, 일본, 중국, 대만학계에서 발표되었다. 현재까지 능비에 관한 논문과 저서는 수백 편에 달하며, 그 연구사만으로도 단행본이 출간되고 있다.

2. 능비 해석문

옛적 시조 鄒牟王(추모왕)이 나라를 세웠는데 (王은) 北夫餘(북부여)에서 태어났으며, 天帝(천제)의 아들이었고 어머니는 河伯(水神)(하백(수신))의 따님이었다. 알을 깨고 세상에 나왔는데, 태어나면서부터 聖(성)스러운 …… 이 있었다(5字 不明(불명)). 길을 떠나 남쪽으로 내려가는데, 부여의 奄利大水(엄리대수)를 거쳐가게 되었다.

王이 나룻가에서 "나는 천제의 아들이며 하백의 따님을 어머니로 한 추모왕이다. 나를 위하여 갈대를 연결하고 거북이 무리를 짓게 하여라"라고 하였다.

말이 끝나자마자 곧 갈대가 연결되고 거북떼가 물위로 떠올랐다. 그리하여 강물을 건너가서, 沸流谷(비류곡) 忽本(홀본) 서쪽 산상에 성을 쌓고 도읍을 세웠다. 왕이 왕위에 싫증을 내니, (하늘님이) 黃龍(황룡)을 보내어 내려와서 왕을 맞이하였다. (이에) 왕은 홀본 동쪽 언덕에서 용의 머리를 디디고 서서 하늘로 올라갔다.

遺命(유명)을 이어받은 世子(세자) 儒留王(유류왕)은 道(도)로서 나라를 잘 다스렸고, 大朱留王(대주류왕)은 왕업을 계승하여 발전시키었다. 17세손에 이르러 國岡上廣開土境平安好太王(국강상광개토경호태왕)이 18세에 왕위에 올라 칭호를 永樂大王(영락대왕)이라 하였다. (왕의) 恩澤(은택)이 하늘까지 미쳤고 威武(무위)는 四海(사해)에 떨쳤다. (나쁜 무리를) 쓸어 없애니, 백성이 각기 그 생업에 힘쓰고 편안히 살게 되었다.

나라는 부강하고 백성은 유족해졌으며, 오곡이 풍성하게 익었다. (그런데) 하늘이 (이 백성을) 어여삐 여기지 아니하여 39세에 세상을 버리고 떠나시니, 甲寅年(갑인년) 9月 29日 乙酉(을유)에 山陵(산릉)으로 모시었다. 이에 비를 세워 그 공훈을 기록하여 후세에 전한다. 그 말씀(詞)은 아래와 같다.

稗麗(비려)가 고구려인에 대한 (노략질을 그치지 않으므로), 永樂(영락) 5年 乙未(을미)에 왕이 친히 군사를 이끌고 가서 토벌하였다. 富山(부산), 負山(부산)을 지나 鹽水(연수)에 이르러 그 3개 部洛(부락) 600~700營(영)을 격파하니, 노획한 소·말·양의 수가 이루 다 헤아릴 수 없었다. 이에 왕이 행차를 돌려 襄平道(양평도)를 지나 東(동)으로 □城, 力城, 北豊, 五備□로 오면서 영토를 시찰하고, 수렵을 한 후에 돌아왔다.

百殘(백잔)과 新羅(신라)는 옛적부터 (고구려의) 屬民(속민)으로서 朝貢(조공)을 해왔다. 그런데 왜가 辛卯年(신묘년)(391)에 건너와 백잔을 破(파)하고 (2字缺(결)) 新羅 …… 하여 臣民(신민)으로 삼았다.

✔논쟁; 서영수 교수의 해석은 이와 다르기에 병기합니다

> "백제와 신라는 옛 속민인데도 아직까지 조공을 바치지 않고 왜는 (무엄하게 대왕의 치세에 함부로) 건너오자, 대왕이 (臣

> 下가 되기로 한 誓約을 어긴) 백제와 (그 동조자인) 왜를 공파하고, 신라는 복속시켜 신민(臣民)으로 삼았다.”

永樂 6년(396) 丙申(병신)에 왕이 친히 군을 이끌고 백잔국을 토벌하였다. 고구려군이 (3字 불명)하여 영팔성, 구모로성, 각모로성, 간저리성, □□성, 각미성, 모로성, 미사성, □사조성, 아단성, 고리성, □리성, 잡진성, 오리성, 구모성, 고모야라성, 혈□□□□성, □이야라성, 전성, 어리성, □□성, 두노성, 비□□리성, 미추성, 야리성, 태산한성, 소가성, 돈발성, □□□성, 루매성, 산나성, 나단성, 세성, 모루성, 우루성, 소회성, 연루성, 석지리성, 암문□성, 임성, □□□□□□□리성, 취추성, □발성, 고모루성, 윤노성, 관노성, 삼양성, 증□성, □□노성, 구천성 …… 등을 攻取(공취)하고, 그 首都(수도)를 …… 하였다. 백잔이 義(의)에 복종치 않고 감히 나와 싸우니 왕이 크게 노하여 아리수를 건너 精兵(정병)을 보내어 그 수도에 육박하였다. (백잔군이 퇴각하니 ……) 곧 그 성을 포위하였다. 이에 (백)殘主(잔주)가 困逼(곤핍)해져, 男女生口(남녀생구) 1천 명과 細布(세포) 천 필을 바치면서 왕에게 항복하고, 이제부터 영구히 고구려왕의 奴客(노객)이 되겠다고 맹세하였다. 태왕은 (백잔주가 저지른) 앞의 잘못을 은혜로서 용서하고 뒤에 순종해온 그 정성을 기특히 여겼다. 이에 58성 700촌을 획득하고 백잔주의 아우와 대신 10인을 데리고 수도로 개선하였다.

영락 8년(398) 戊戌(무술)에 한 부대의 군사를 파견하여 신출자愼(신)(息愼(식신), 肅愼(숙신)) 土谷(토곡)을 觀察(관찰), 신출자 巡視(순시)하였으며 그 때에 (이 지역에 살던 저항적인) 莫□羅城 加

太羅谷의 남녀 삼백여 인을 잡아왔다. 이 이후로 (신출자愼(신)은 고구려 조정에) 조공을 하고 (그 내부의 일을) 보고하며 (고구려의) 命(명)을 받았다.
영락 9년(399) 己亥(기해)에 백잔이 맹서를 어기고 倭(왜)와 화통하였다. (이에) 왕이 평양으로 행차하여 내려갔다. 그때 신라왕이 사신을 보내어 아뢰기를, "倭人(왜인)이 그 국경에 가득 차 城池(성지)를 부수고 노객으로 하여금 왜의 民(민)으로 삼으려 하니 이에 왕께 歸依(귀의)하여 구원을 요청합니다."라고 하였다. 太王(태왕)이 은혜롭고 자애로워 신라왕의 충성을 갸륵히 여겨, 신라 사신을 보내면서 (고구려측의) 계책을 (알려주어) 돌아가서 고하게 하였다.
10년(400년) 庚子(경자)에 왕이 보병과 기병 도합 5만 명을 보내어 신라를 구원하게 하였다. (고구려군이) 男居城(남거성)을 거쳐 新羅城(신라성)(國都(국도))에 이르니, 그곳에 왜군이 가득하였다. 官軍(관군)이 막 도착하니 왜적이 퇴각하였다. (고구려군이) 그 뒤를 급히 추격하여 任那加羅(임나가라)의 從拔城(종발성)에 이르니 성이 곧 항복하였다. 安羅人戍兵(안라인수병) …… 신라성 □성 …… 하였고, 왜구가 크게 무너졌다. (이하 77字 중 거의 대부분이 不明(불명). 대체로 고구려군의 원정에 따른 任那加羅地域(임나가라지역)에서의 전투와 정세변동을 서술하였을 것이다).
옛적에는 신라 寐錦(매금)이 몸소 고구려에 와서 보고를 하며 聽命(청명)을 한 일이 없었는데, 國岡上廣開土境好太王代(국강상광개토경호태왕대)에 이르러 (이번의 원정으로 신라를 도와 왜구를 격퇴하니) 신라 매금이 …… 하여 (스스로 와서) 朝貢(조공)하였다.
14년(404) 甲辰(갑진)에 왜가 法度(법도)를 지키지 않고 帶方(대방) 지역에 침입하였다. …… 石城(석성)(을 공격하고 ……), 連船(연선)(水軍(수군)을 동원하였다는 뜻인 듯) …… (이에 왕이 군대를 끌고) 평양을 거쳐 (…… 로 나아가) 서로 맞부딪치게 되었다. 왕의 군대가 적의 길을 끊고 막아 좌우로 공격하니, 왜구가 궤멸하였다. (왜구를) 참살한 것이 무수히 많았다.

17년(407) 丁未(정미)에 왕의 명령으로 보군과 마군 도합 5만 명을 파견하여 …… 合戰(합전)하여 모조리 살상하여 분쇄하였다. 노획한 (적병의) 갑옷이 만여 벌이며, 그 밖에 군수물자는 그 수를 헤아릴 수 없이 많았다. 또 沙溝城 婁城 □住城 □城□□□□□□城을 破하였다.

20년(410) 庚戌(경술) 동부여는 옛적에 추모왕의 屬民(속민)이었는데, 중간에 배반하여 (고구려에) 조공을 하지 않게 되었다. 왕이 친히 군대를 끌고 가 토벌하였다. 고구려군이 餘城(여성)(동부여의 왕성)에 도달하자, 동부여의 온 나라가 놀라 두려워하여 (투항하였다). 왕의 은덕이 동부여의 모든 곳에 두루 미치게 되었다. 이에 개선을 하였다. 이때에 왕의 교화를 사모하여 개선군을 따라 함께 온 자는 味仇婁鴨盧, 卑斯麻鴨盧, 椯社婁鴨盧, 肅斯舍鴨盧, □□□鴨盧였다. 무릇 攻破(공파)한 城(성)이 64개, 村(촌)이 1,400이었다.

(왕릉을 지키는) 守墓人(수묘인)

烟戶(연호)(의 그 출신지와 戶數(호수)는 다음과 같이 한다.) 賣句余 민은 國烟(국연)이 2家(가), 看烟(간연)이 3家. 東海賈는 국연이 3가, 간연이 5가. 敦城의 民은 4家가 다 간연. 于城의 1가는 간연으로, 碑利城의 2가는 국연. 平穰城民은 국연 1가, 간연 10家. 訾連의 2家는 간연. 俳婁人은 국연 1가, 간연 43가. 梁谷 2가는 간연. 梁城 2가는 간연. 安夫連의 22가는 간연. 改谷의 3가는 간연. 新城의 3가는 간연. 南蘇城의 1가는 국연.

새로 略取(약취)해온 韓(한)과 穢(예)(의 연호는 다음과 같다.) 沙水城은 국연 1가, 간연 1가. 牟婁城의 2가는 간연. 豆比鴨岑 韓의 5

가는 간연. 勾牟客頭의 2가는 간연. 求底韓의 1가는 간연. 舍蔦城의 韓穢는 국연 3가, 간연 21가. 古模耶羅城의 1가는 간연. 炅古城은 국연 1가, 간연 3가. 客賢韓의 1가는 간연. 阿旦城과 雜珍城은 합하여 10가가 간연. 巴奴城 韓은 9가가 간연. 臼模盧城의 4가는 간연. 各模盧城의 2가는 간연. 牟水城의 3가는 간연. 幹氐利城은 국연 1가, 간연 3가. 彌鄒城은 국연 1가, 간연이 7가. 也利城은 3가가 간연. 豆奴城은 국연이 1가, 간연이 2가. 奧利城은 국연이 1가, 간연이 8가. 須鄒城은 국연이 2가, 간연이 5가. 百殘南居韓은 국연이 1가, 간연이 5가. 太山韓城의 6가는 간연. 農賣城은 국연이 1가, 간연이 7가. 閏奴城은 국연이 2가, 간연이 22가. 古牟婁城은 국연이 2가, 간연이 8가. 瑑城은 국연이 1가, 간연이 8가. 味城은 6가가 간연. 就咨城은 5가가 간연. 彡穰城은 24가가 간연. 散那城은 1가가 국연. 那旦城은 1가가 看烟. 勾牟城은 1가가 간연. 於利城의 8가는 간연. 比利城의 3가는 간연. 細城의 3가는 간연.

國岡上廣開土境好太王(국강상광개토경호태왕)이 살아 계실 때에 敎(교)를 내려 말하기를, '先祖(선조) 왕들이 다만 遠近(원근)에 사는 舊民9구민)들만을 데려다가 무덤을 지키며 소제를 맡게 하였는데, 나는 이들 구민들이 점점 몰락하게 될 것이 염려된다. 만일 내가 죽은 뒤 나의 무덤을 편안히 수묘하는 일에는, 내가 몸소 다니며 略取(약취)해 온 韓人(한인)과 穢人(예인)들만을 데려다가 무덤을 수호·소제하게 하라'고 하였다.

왕의 말씀이 이와 같았으므로 그에 따라 韓(한)과 穢(예)의 220家(가)를 데려다가 수묘케 하였다. 그런데 그들 한인과 예인들이 수묘의 禮法(예법)을 잘 모를 것이 염려되어, 다시 舊民(구민) 110家를 더 데려왔다. 신·구 수묘호를 합쳐, 國烟(국연)이 30가이고 看烟(간연)이 300가로서, 都合(도합) 330가이다.

선조 왕들 이래로 능묘에 石碑(석비)를 세우지 않았기 때문에 수묘인 烟戶(연호)들이 섞갈리게 되었다. 오직 國岡上廣開土境好太王(국강상광개토경호태왕)께서 先祖王(선조왕)들을 위해 墓上(묘상)에 碑(비)를 세우고 그 烟戶(연호)를 새겨 기록하여 착오가 없게 하라고 명하였다.

또한 왕께서 규정을 제정하시어, '수묘인을 이제부터 다시 서로 팔아넘기지 못하며, 비록 부유한 자가 있을 지라도 또한 함부로 사들이지 못할 것이니, 만약 이 법령을 위반하는 자가 있으면, 판 자는 형벌을 받을 것이고, 산 자는 자신이 守墓(수묘)하도록 하라'고 하였다. 끝.

부록 3 ; 단양 적성비 해석문 - 국사편찬위원회 해석

임효재·최종택·윤상덕·장은정,『아차산성-시굴조사보고서[26)]

상단부가 파손되어 문맥을 명확하게 파악하기 어려우므로 이해의 편의를 위하여 몇 개의 문장으로 나누어 해석하기로 하겠다. 몇 개의 문단(文段)으로 분류할 수도 있으나 문장구분만 하기로 한다. 문장구분이 원래는 뚜렷하였을 부분도 缺落(결락)되어 불분명하면 하나의 문장으로 파악하여 연속적으로 해석하기로 한다.

(첫째) … (年년) … 月(월)에 王(왕)이 大衆等(대중등)인 喙部(탁부) 출신의 伊史夫智(이사부지) 伊干支(이간지), (沙喙部(사탁부) 출신의?) 豆弥智(두미지) 彼珎干支(피진간지), 喙部(탁부) 출신의 西夫叱智(서부질지) 大阿干支(대아간지), □夫智(?부지) 大阿干支(대아간지), 内礼夫智(내례부지) 大阿干支(대아간지), 高頭林城(고두림성)에 있는 軍主(군주)들인 喙部(탁부) 출신의 比次夫智(비차부지) 阿干支(아간지), 沙喙部(사탁부) 출신의 武力智(무력지) 阿干支(아간지), 鄒文村(추문촌) 幢主(당주)인 沙喙部(사탁부) 출신의 導設智(도설지) 及干支(급간지), 勿思伐(불사벌)(城(성) 幢主(당주))인 喙部(탁부) 출신의 助黑夫智(조흑부지) 及干支(급간지)에게 教(교)하시었다.

(둘째) 이때에 赤城(적성) 출신의 也尒次(야이차)에게 教(교)하시기를 … 중에 옳은 일을 하는데 힘을 쓰다가 죽게 되었으므로 이 까닭

26) 서울대학교 박물관·서울시 광진구·서울대학교 인문학연구소, 2000, pp205~207

으로 이후 그의 妻(처)인 三(삼) … 에게는 … 利(리)를 許(허)하였다.

(셋째) 四年(사년) 小女(소녀), 師文(사문) … 公兄(공형)인 鄒文村(추문촌) 출신의 巴珎婁(파진루) 下干支(하간지) … (前)者(전자)는 다시 赤城烟(적성연)으로 가게 하고 後者(후자) 公兄(공형)은 … 異葉(이엽)이건 國法(국법)에는 分與(분여)하지만 비록 그러하나 伊(이) … 子(자), 刀只(도지) 小女(소녀), 烏礼兮(오례혜) 撰干支(찬간지) (… 法(법)을 赤城佃舍法(적성전사법)으로 만들었다.

(넷째) 별도로 官(관)은 … 弗兮(불혜) 女(여), 道豆只又悅利巴(도두지우열리파) 小子(소자), 刀羅兮(도나혜)… 합하여 五人(오인)에게 … 를 내렸다.

(다섯째) 별도로 敎(교)하기를 이후로부터 나라 가운데에 也尒次(야이차)와 같이 … 옳은 일을 하여 힘을 쓰고 남으로 하여금 일하게 한다면 만약 그가 아들을 낳건 딸을 낳건 나이가 적건 (많건) … 兄弟(형제)이건 이와 같이 아뢰는 자가 大人(대인)인가 小人(소인)인가 …

(여섯째) … 部(부) 출신의 奈弗耽郝失利(나불탐학실리) 大舍(대사), 鄒文(村) … 勿思伐城幢主使人(불사벌성당주사인)은 那利村(나리촌) … 人(인)은 勿支次(물지차)阿尺(아척), 書人(서인)은 喙部(탁부) 출신의 … 人石書立人(인석서립인)은 非今皆里村(비금계리촌) … 智(지) 大烏(대오)이다.

정영호(鄭永鎬) 「중원고구려비의 발견조사와 의의(中原高句麗碑의 發見調査와 意義)」 논문에서 발췌함

◎ 첫째, 이 석비는 고구려비임에 확실한 바 그 이유로는 다음과 같은 여섯 가지 점에서 확언할 수 있다.

① 석비 서두에 「고려대왕(高麗大王)」이라는 명문이 보이므로 고려는 고구려를 일컬음에서 우선 고구려비임이 분명합니다.

② 「前部大使者(전부대사자)」 「諸位(제위)」 「下部(하부)」 「使者(사자)」 등 모두 고구려의 관등뿐이고 다른 나라의 관등은 보이지 않는다.

③ 비문 중 「古牟婁城」(고모루성)은 광개토왕비에 보이는 성과 같은 것이므로 고구려비임을 더욱 굳혀 준다.

④ 「募人三百新羅土內(모인삼백신라토내)」 「新羅土內(신라토내)」라 하여 「新羅土內(신라토내)」라는 명문이 두 곳에 보이고 있다. 이것은 신라가 아닌 다른 나라가 신라를 가리켜 일컬었던 것으로 풀이할 수 있으니 곧 고구려에서 신라 쪽을 말했던 것이 분명합니다.

⑤ 석비 자체의 형태가 碑頭(비두)부터 광개토왕비와 흡사하여 두툼하고 무게가 있어 보이며 字體(자체)도 고졸(古拙)한 「예서풍」이다.

⑥ 문헌적으로 고찰해 볼 때, 삼국사기에 의하면 광개토왕의 北伐南征(북벌남정) 못지않게 장수왕은 남하정책을 단행하여 재위 79년간(413~491) 평양성 천도를 비롯하여 한강유역에까지 이르는

전성기를 이루었습니다. 그러므로 이 시대에 있어서 이곳 한강 유역을 따라 상류에까지 拓境(척경)하고 그 기념적인 석비를 세웠음은 충분히 가능한 일로 본다.

◎ 둘째, 석비의 성격에 대해서는 앞으로 더 조사 연구해 보아야 할 일로 생각되나 우선은 고구려가 한강유역의 여러 성을 공취하고 개척한 척경비로 볼 수도 있겠다.

◎ 셋째, 시대적 배경과 건립연대에 대해서는 비문의 검토가 진전되어야 확인할 수 있겠지만 현재로서는 5세기 말까지 고구려가 最盛(최성)했을 때 세워졌음이 분명한 것으로 생각된다.
작년에 발견 조사된 丹陽의 진흥왕적성비에 의하면 6세기 중엽에 이르러서야 신라가 竹嶺을 넘어 고구려 영역을 공취할 수 있었다. 비문에「蓋盧(개로)」「辛酉年(신유년)」등이 보이는데 여기의 「蓋盧(개로)」는 백제의 개로왕을 말하고 「辛酉年(신유년)」은 장수왕 60년(481)으로 보는 것이 옳을 것이므로 이 건립연대에 대해서는 깊은 연구가 있어야 되겠으나 우선은 장수왕대로 추정하는 것도 무리는 아닐 것 같다. 그러나 이 연대야말로 앞으로의 큰 연구 과제로 남기고 싶다.

◎ 넷째, 석비의 형태는 石柱形(석주형)으로서 자연석의 형태를 이용 刻字面(각자면)을 다듬고 비문을 새겼는데 현재는 전면과 좌측면에서만 글자를 확인하였으나 뒷면과 우측면에도 刻字(각자)한 흔적이 뚜렷하므로 앞으로의 조사가 필요하다. 石質(석질)은 견고한 화강암으로 풍화가 쉬운 沙質(사질) 암석과는 달라 청태제거 작업에 다소 안심은 된다.

글씨는 예서풍으로 고졸하며 현재 석비 하단부가 화단 축조 시 시멘트에 묻혀있어 반쯤 묻힌 글자까지의 23자와 2자쯤 묻혔을 것이라는 밑 부분 글자를 합하여 1행 25자씩으로 보면 전면은 10행에 250자가 되고 좌측면은 7행에 175자가 될 것이다.

말미의 7행 째는 17자까지이므로 167자인데 전면과 좌측면 사이의 하단부 모서리가 파손되어 10여자가 결락되었을 것으로 생각되어 전면과 좌측면의 명문은 도합 400자 내외가 될 것이다. 현재의 석비 크기는 높이 135cm, 전면의 너비 55cm, 좌측면의 너비 37cm, 字徑(자경)은 3~5cm이다.

단양적성비문

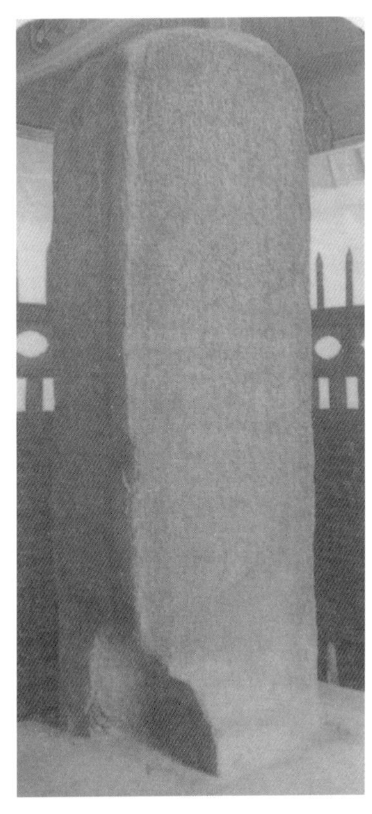

충주고구려비

나가는 글 l Epilogue

고구려기념관 건립을 제안하면서

고구려사가 중국역사의 일부로 날조되고 있습니다.

중국 정부기관이 앞장서 진행하는 '동북공정'은 급기야 발해, 고조선사까지 왜곡해 들어가고 있습니다.

유구하고 찬란한 우리 민족의 역사와 강역이 일거에 사라질 위기에 처해 있습니다.

대대로 이어받은 값진 역사와 강역을 우리 선조들이 수호하지 못했기 때문에 지금 우리는 고귀한 민족사와 정체성을 수탈당하는 모욕을 받고 있는 것입니다.

만약 우리 세대에서도 우리 역사의 침몰을 방관한다면 역사를 잃어버린 우리의 후손들은 우리 세대를 원망할 것입니다.

어처구니없게도 서울을 비롯하여, 전국 방방곡곡에 공자를 배향하는 향교는 세워졌고 매년 두 차례 석존제가 거행되고 있으나, 찬란했던 고구려 웅혼을 모신 사우(祠宇)가 건립되어 운영되고 있다는 이야기는 들어 본 적이 없습니다.

고구려 위용자사우(偉勇者祠宇)가 포함된 고구려기념관 건립을 제안합니다.

그 옛적 고구려인들이 한돌, 한돌 모아 단단한 고구려성을 수없이 쌓았듯이 국민 모두 한 땀, 한 땀 고구려의 흔적을 수집해 위대한 고구려의 역사 문화를 재건합시다.

우선 남한 내 산재된 고구려 유물을 한데 모으는 작업부터 시작해 나아가 북한 내 고구려사와 고구려 강역이던 중국 동북지방 및 산서성까지 산재된 고구려의 위대한 인물과 용기 있는 장군들의 발자취와 역사자료를 모두 수집해 나갑시다.

우리가 지금 고구려의 기록을 지키지 못하면 시간이 흐른 먼 훗날 고구려는 한낱 설화의 소재나 옛날이야기로 전락해 버릴 수도 있습니다.

당신이 역사입니다.
역사가 지워지면 우리가 설 땅도 영원히 잃어버립니다.
우리의 자랑스러운 민족사를 후손들에게 제대로, 대대로 계승시키기 위한 고구려기념관 건립추진 발기인으로 참여하십시오.

바로 우리의 일입니다.

✔제안합니다.

이 땅의 흐뜨러진 정기를 치유하고 바로잡기 위한 방안의 일환으로 고구려시대 조의선인 제도를 도입할 것을 제안합니다. 명칭은 삼족오스카우트로 정할까 합니다. 삼족오 스카우트 행동강령을 다음과 같이 마련했습니다.

▌삼족오 스카우트 행동강령

나는 일찍이 드넓은 동아시아 대륙과 해양을 경영했던 대제국, 고구려의 인재육성 프로그램인 국선도 '조의선인제도'를 본받아 우리 청소년들이 국가와 민족의 유능한 지도자로 자라날 수 있는 고구려 삼족오 스카우트에 참여합니다.

나는 국가와 민족의 앞날을 짊어질 삼족오 소년소녀대로서 사회가 필요로 하는 건강한 구성원이 될 수 있도록 체력과 지혜, 강인한 정신력을 키워 장차 우리 사회, 우리나라, 우리 민족의 발전에 앞장서겠습니다.

나는 고구려의 선조들이 실현했던 진취적인 역사정신을 계승하여 협동적인 단체활동과 대화를 통하여 우리가 가진 무한한 잠재능력을 개발하는데 노력하고 민족의 구성원으로서 정체성을 기르겠습니다.

나는 대한민국과 전 세계 한민족 청소년들이 폭넓게 대화하고 협동하여 우리민족 대한민국의 자긍심을 세계에 심는 자랑스러운 삼족오 스카우트가 되겠습니다.

▍삼족오 스카우트 행동강령

하나, 나는 조상님이 물려주신 몸을 건강하게 지키겠습니다.

하나, 나는 형제와 친구, 이웃들과 사이좋게 지내겠습니다.

하나, 나는 정직한 사람이 되겠습니다.

하나, 나는 부지런한 사람이 되겠습니다.

하나, 나는 단체생활에서 협동하는 사람이 되겠습니다.

하나, 나는 어려운 이웃을 돕겠습니다.

하나, 나는 조상님의 얼이 담긴 우리역사와 우리문화를 사랑하겠습니다.

하나, 나는 자연과 친근하게 지내고 자연과 같이 사는 지혜를 배우겠습니다.

[참고문헌]

사단법인 고구려연구회, 『중원고구려비 연구』 학연문화사, 2000.

고구려발해학회, 『고구려발해연구 제54집』, 학연문화사, 2016.

http://db.history.go.kr/item/level.do?itemId=jo

국사편찬위원회 > 한국사데이터베이스 > 통사> 중국정사조선전,

김부식, 이병도 역해, 『삼국사기』, 을유문화사, 1977.

김용만, 『고구려의 그 많던 수레는 다 어디로 갔을까?』, 바다출판사, 2000.

김현길, 「온달에 관한 연구」, 충북대학교 중원문화연구소, 1999.

노태돈, 『고구려사 연구』, 사계절, 1999.

도종환, 『슬픔의 뿌리』, 실천문학사, 2002.

동북아역사재단, 한국고대사학회, 고구려발해학회, 『광개토왕비 건립1600주년 기념 국제학술회의』, 동북아역사재단, 2014.

박인전, 『광개토대왕릉비』, 운림필방, 1987.

박지원, 김연호 역 『열하일기』, 하서출판사, 2003.

베불린, 원용찬 편역 『유한계급론』, 살림출판사, 2007.

사회과학출판사 편집부, 『고구려문화사』, 논장, 1988.

서길수 『고구려성』, 한국방송공사, 1994.

서영교, 「645년 요동성 전투복원」 대구사학 제112집 별책, 2013.

서영교, 「고구려, 왜(倭) 연화(連和)와 아단성(阿旦城) 전투」, 국편사료조사위원 충북지회, 2013.

서영교, 「고구려 國馬」, 『군사(軍史)』, 국방부 군사편찬연구소, 2006.

서영수 「광개토대왕비의 연구사적 의미」, 『고구려연구 제1집』, 고구려연구회, 1995.

송병락, 『한국인의 신화, 일본을 앞선다』 중앙일보사, 1995.

시펜, 『다시 찾은 고구려, 다시 보는 고구려인』 영언문화사, 2004.

알베르토 안제, 주효숙 역, 『고대 로마인의 24시간』, 까치, 2012.

윤명철, 『고구려는 우리의 미래다』, 고래실, 2004.

이도학, 『백제사』 푸른역사, 1997.

이도학, 「온달의 남하경로와 전사처(戰死處)」 국편사료조사위원 충북지회, 2013.
이도학, 「단양신라적성비와 신라 진흥왕대 제비(諸碑)의 비교」 국편사료조사위원 충북지회, 2015.
이범교, 『삼국유사의 종합적 해석 上』, 민족사, 2004.
이자벨라 버드 비숍, 이인화 역, 『한국과 그 이웃나라들』 도서출판 살림, 1994.
이종호, 『한국 7대 불가사의』, 역사의 아침, 2007.
일연, 이범교 역해, 『삼국유사의 종합적 해석 (上)』 민족사, 2005.
임효재·최종택·윤상덕·장은정, 『아차산성-시굴조사보고서-』 , 서울대학교 박물관·서울시 광진구·서울대학교 인문학연구소, 2000.
장세현, 이용규 『벽화 속에 살아있는 고구려 이야기』, 삼성출판사, 2005.
전호태, 최종덕, 『동아시아 고대 문화의 빛 고구려』, 동북아역사재단, 2009.
전호태, 『고구려 고분벽화 고구려특별대전』, 한국방송공사, 1994.
정민, 「고전문장 이론상의 편장자구법(편장자구법)으로 본 <온달전>의 텍스트 분석」, 『텍스트언어학』, 한국텍스트언어학회, 2000.
정영호, 『단양신라적성비의 발견과 그 의의(意義)』, 국편사료조사위원 충북지회, 2015.
조선일보특별취재반, 『집안(集安) 고구려 고분벽화』,조선일보사, 1993.
최광식, 『우리 고대사의 성문을 열다』, 한길사, 2004.
최근영, 『한국고대사의 제조명』, 신서원, 2001.
최호원, 「고구려 영양왕대 신라공격과 국내정치」 한국사연구회 285차 연구발표회, 2012.
한국고대사연구회, 『한국고대사연구 vol.67』, 주류성출판사, 2012.